HUNDE

KENNEN

UND

VERSTEHEN

BRUCE FOGLE

HUNDE

KENNEN

UND

VERSTEHEN

KÖRPERSPRACHE UND VERHALTEN

Übersetzung: Dr. Siegfried Schmitz
Fotos: David Ward

Ein Dorling Kindersley Buch

Titel der englischen Originalausgabe:
Know Your Dog. An owner's guide to dog behaviour
Erschienen 1991 bei Dorling Kindersley Limited
9 Henrietta Street, London WC2E 8PS

Text: © 1992 Bruce Fogle

Gestaltung und Layout:
© Dorling Kindersley Limited 1992
Fotos: David Ward; Zweiter Fotograf: Jane Burton

BLV Verlagsgesellschaft mbH
München Wien Zürich
80797 München

Zweite Auflage

Deutschsprachige Ausgabe:
© BLV Verlagsgesellschaft mbH, München 1994

Übersetzung aus dem Englischen:
Dr. Siegfried Schmitz
Lektorat: Dr. Friedrich Kögel
Herstellung: Sylvia Hoffmann
Einbandgestaltung: Studio Schübel, München

Satz: Typodata, München
Druck und Bindung: Arnoldo Mondadori, Verona

Printed in Italy · ISBN 3-405-14350-0

Die Deutsche Bibliothek – CIP-Einheitsaufnahme

Hunde kennen und verstehen:
Körpersprache und Verhalten / Bruce Fogle.
Übers.: Siegfried Schmitz. Fotos: David Ward. –
2. Aufl. – München; Wien; Zürich: BLV, 1994
  (Ein Dorling-Kindersley-Buch)
  Einheitssacht.: Know your dog <dt.>
  ISBN 3-405-14350-0
NE: Fogle, Bruce; Ward, David;
Schmitz, Siegfried [Übers.]; EST

Zeichnungen
Rowan Clifford: S. 12/13 (Wölfe)
Janos Marffy: S. 12/13 (Karte)

Bildnachweis
Alle Aufnahmen von David Ward, außer den
folgenden:
Jane Burton: S. 22 ol, S. 71 ur, S. 94–119;
Bruce Coleman Ltd.: S. 12 Ml, M, S. 13 Mu, or,
S. 17 Mo, S. 23 ur, S. 45 or, S. 55 or, S. 69 or,
S. 115 Mo;
Dave King: S. 115 u;
Lynn Rogers: S. 35 ur, S. 39 M, S. 47 ur, S. 51 or,
S. 59 ur, S. 60 Mu, S. 75 or, S. 80 ul, S. 107 or;
Steve Shott: S. 16 o; Jerry Young: S. 13 Mo.
Abkürzungen: l = links, r = rechts, o = oben,
u = unten, M = Mitte.

Inhalt

Der Wolf im Haus

Geselligkeitstrieb
Obwohl sich diese Hunde in ihrem Äußeren und ihrem Temperament voneinander unterscheiden, sind sie allesamt Rudeltiere, die zu ihrem Wohlbefinden den sozialen Kontakt brauchen.

W er von uns mit Hunden zusammenlebt, findet es nicht verwunderlich, daß diese Tiere, wissenschaftlich exakt als *Canis lupus* f. familiaris bezeichnet, uns in vielerlei Hinsicht sehr ähnlich sind. Beide, Mensch und Hund, sind »Raubtiere«, die davon leben, daß sie andere Tiere töten und verspeisen. Beide sind soziale Lebewesen, die die Gesellschaft von Artgenossen zu schätzen wissen, und im Grunde ihres Wesens Rudeltiere. Beide sind sehr kooperativ und fühlen sich in der Regel am wohlsten, wenn sie einen Anführer haben, dem sie folgen und den sie respektieren können, oder wenn sie selber zum Anführer aufsteigen. Beide besitzen ein reiches Gefühlsleben und können ihresgleichen mit Eifersucht, Zuneigung, Wut oder Toleranz begegnen. Die Bedürfnisse stimmen so sehr überein, daß wir Menschen von allen Tierarten, welche die Evolution hervorgebracht hat, die Vorfahren des Hundes als erste in unsere häusliche Umgebung aufgenommen haben. Wegen seiner Verhaltensmerkmale und seiner Nützlichkeit ist der Hund zum »besten Freund des Menschen« geworden.

Schutzbedürfnis
Wir Menschen haben einige Rassen gezüchtet, die besonders an unseren Beschützerinstinkt appellieren, so wie dieser winzige Silky-Terrier.

6

Hunde haben gemeinsam mit uns einen weiten Weg zurückgelegt, von den Lagerplätzen der Frühmenschen über die Siedlungen der seßhaft gewordenen Ackerbauern bis zu den dichtbevölkerten Großstädten von heute. Sie haben diese Veränderungen so erfolgreich bewältigt, weil sie sich hervorragend an wechselnde Lebensbedingungen anzupassen vermögen. Durch die Ausbildung sehr unterschiedlicher Größen und Formen konnten sie mit diesen Umstellungen leichter fertig werden, aber daß sie heute die beliebtesten Haustiere der Welt sind, verdanken sie vor allem ihren vielfältigen Wesenseigenschaften.

Mit unserer Hilfe, d.h. durch Zucht, haben die Hunde verschiedenartige Merkmale entwickelt, um in den unterschiedlichen Umweltsituationen, in die wir sie hineinversetzen, besser überleben zu können. Heute gibt es mehr als 400 anerkannte Hunderassen, die durch die Willkür des Menschen entstanden sind. Ausschließlich nach unseren Wünschen oder Modelaunen schaffen wir neue Rassen, wir kombinieren alte Rassen oder lassen sie wieder untergehen. Deswegen wird zuweilen behauptet, Hunde seien unnatürliche und mißratene Produkte menschlicher Eingriffe in die Natur.

Vielseitigkeit
Die ursprünglich als Gebrauchshunde gezüchteten Neufundländer werden heute als Familienhunde gehalten – ein Beweis für die hundetypische Anpassungsfähigkeit.

Warten auf das Zeichen
Hunde aller Rassen sehen in uns Menschen große Artgenossen und erwarten von uns, daß wir die Funktion des Leittiers übernehmen.

Überlebensstrategie
Dank seiner Intelligenz und Neugier ist der Hund in der Lage, sich an unterschiedliche Lebensbedingungen anzupassen.

Sämtliche Hunderassen sind in der Tat Produkte der künstlichen und nicht der natürlichen Zuchtwahl. Selbst die Australischen Dingos und die Neuguinea-Dingos, deren Fortpflanzung nicht vom Menschen reguliert wird, sind verwilderte Nachkommen von »domestizierten« Hunden, die der Mensch vor Jahrtausenden in diese fernen Weltgegenden gebracht hat. Unsere heutigen hundeartigen Hausgenossen verdanken ihre Entstehung ausnahmslos den praktischen, ästhetischen, wirtschaftlichen oder auch rituellen Bedürfnissen früherer Menschengenerationen. Manche Hunde haben ihre Unabhängigkeit bewahrt, bei anderen haben die Züchter mehr Wert auf Abrichtbarkeit und Gehorsam gelegt.

Alarmschlagen
Das Bellen wurde dem Haushund durch gezielte Zuchtwahl »anerzogen«, weil der Mensch lautstarke Wachhunde haben wollte.

Wir verwechseln zuweilen die uns genehmen Verhaltensweisen des Hundes mit seinen natürlichen Lebensansprüchen und glauben fälschlicherweise, ein Hund sei um so intelligenter, je fügsamer er ist. In Wirklichkeit beweist der unfolgsame Streuner, der sich selbständig durchs Leben schlägt, oft mehr Intelligenz als ein Hund, der auf das Kommando seines Besitzers durch Reifen springt. Meine Retriever, die neben mir auf dem Boden liegen, sind nicht das Ergebnis eines natürlichen Ausleseprozesses, in dem nur der Tüchtigste überlebt. Obwohl groß und kräftig, sind sie zu sanft, um sich in freier Wildbahn lange behaupten zu können.

Familienkennzeichen
Bei vielen größeren Spitzrassen hat sich sowohl eine körperliche als auch eine wesensmäßige Ähnlichkeit mit den Wolfsahnen erhalten.

Doch trotz all unserer Eingriffe in die Natur haben sich bei unseren Haushunden bis heute Wesenselemente ihrer wölfischen Vorfahren erhalten. Selbst in jenen Rassen, die sich am auffälligsten von ihrem Ahnherr Wolf unterscheiden – etwa bei Zwergrassen wie dem Pekinesen oder Chihuahua oder zerbrechlich wirkenden Formen wie dem Italienischen Windspiel –, ist noch das Fundament des ursprünglichen Wildtierverhaltens vorhanden. Sie »denken« noch immer wie Rudeltiere. Sie besitzen noch immer die Sinnesorgane eines Jägers. In ihrem Werbe- und Paarungsverhalten und in der Jungenaufzucht gleichen sie dem Wolf und den anderen wildlebenden Hundearten.

Bunte Mischung
All diese Hunde stimmen in ihren Denk- und Verhaltensmustern überein. Je nach seinen Bedürfnissen hat der Mensch in einigen Rassen bestimmte Merkmale verstärkt und in anderen abgeschwächt.

Diese Aspekte übersehen wir häufig bei unseren Hausgenossen. Weil wir so viele Bedürfnisse, Emotionen und Verhaltensformen mit den Hunden gemeinsam haben und weil wir ihren Charakter seit Jahrtausenden so stark beeinflussen, können wir uns in sie leichter hineinversetzen als in alle anderen Haustiere. Wir sollten jedoch stets bedenken, daß sich unsere Haushunde in vielen Punkten von uns unterscheiden.

Wenn Sie Ihren Hund richtig verstehen wollen, müssen Sie sich klarmachen, daß unsere vierbeinigen Gefährten uns für ziemlich merkwürdige Hunde halten, genauso wie wir manchmal dazu neigen, in ihnen fast menschenähnliche Wesen zu sehen. Wir sind meist größer als sie, wir riechen eindeutig anders als sie, und wir können ungewöhnliche Dinge tun, zum Beispiel einen Dosenöffner benutzen – aber gleichwohl betrachten sie uns lediglich als andere Hunde und behandeln uns dementsprechend. Ihre Beziehungen zu uns gründen sich ausschließlich auf diese Tatsache. Im Kern seines Wesens bleibt auch der kleinste und sanftmütigste Hund seinem Ursprung treu – er bleibt ein »verkleideter« Wolf.

Daß der Wolf (*Canis lupus*) der einzige Vorfahr aller Haushunde ist, steht inzwischen fest. Bis vor wenigen Jahrzehnten sind Kenner wie etwa Konrad Lorenz noch davon ausgegangen, daß auch der Goldschakal zur Entstehung des Haushunds beigetragen hat, doch diese Theorie gilt heute als widerlegt.

Geborene Kämpfer

Einige Hunderassen sind als Kampfhunde für »sportliche« Veranstaltungen gezüchtet worden. Wer eine solche Rasse hält, muß wissen, welche Motive das Verhalten dieser Tiere bestimmen.

Der Rudeltrieb

Respektbeweis

Der West Highland White Terrier zeigt seine Unterwürfigkeit an, indem er sich aufrichtet, um dem Spinone das Maul zu lecken. Hunde bekunden ihre Unterwerfung auf ähnliche Weise, wenn sie uns das Gesicht zu lecken versuchen.

Wahl eines Anführers

Diese Yorkshire-Terrier scharen sich um eine ihnen unbekannte Person, weil sie aus Erfahrung wissen, daß Menschen ausgezeichnete Rudelführer sind.

Das Rudel- oder Meuteverhalten, also das gemeinsame Jagen, Ruhen, Fressen und Schlafen, hat die Hunde so erfolgreich gemacht. Dieses Verhalten stammt von ihren wölfischen Vorfahren. Auf der Nordhalbkugel haben sich die Wölfe nach der letzten Eiszeit strahlenförmig ausgebreitet; dabei folgten sie den Herden der Huftiere, die ihre Beute waren. Die Menschen taten desgleichen, denn sie waren die einzige andere gesellig lebende Art, die damals nordwärts wanderte. Unsere Ahnen fingen junge Wölfe ein, zogen sie auf und spielten mit ihnen, und sie bestimmten, welche Einzeltiere verspeist wurden und welche sich fortpflanzen durften.

Wie im Freileben entschieden auch bei den Hunden, die sich aufgrund dieser vom Menschen betriebenen Selektion entwickelten, die Körpergröße und die »geistige« Überlegenheit darüber, wer in der Rudelhierarchie den höchsten Rang einnahm. In beiden Fällen geben gewöhnlich die Rüden dank ihrer größeren Körperkraft den Ton an.

Mit ritualisierten Drohgebärden, wie etwa Knurren und Zähneblecken,

Zweierrudel

Die beiden Zwergschnauzer konzentrieren sich intensiv auf etwas, das sie gewittert haben. Ein normales Rudel besteht aus einem Leittier und mehreren Untergebenen, aber auch schon zwei Tiere können ein Hunderudel bilden.

werden ernsthafte Auseinandersetzungen verhindert und die Rangordnung und das Sozialgefüge aufrechterhalten.

Schon im frühen Welpenalter lernen Hunde diese Rituale und finden so ihren Platz innerhalb des Rudels. Die kindlichen Balgereien werden immer derber, wenn die Welpen heranwachsen, und führen zu Rangkämpfen, in denen die körperlich und geistig Überlegenen Sieger bleiben. Schließlich wird so der ranghöchste Hund ermittelt, der seine Autorität mittels seiner Körpersprache durchsetzt. Die anderen Rudelmitglieder unterwerfen sich in der Regel dem Leittier und zeigen dies durch typische Gesten und Lautäußerungen an. Doch eines Tages wird ein beherzter jüngerer Rüde die Autorität des Anführers in Frage stellen.

Andere Verhaltensweisen unserer Haushunde sind ebenfalls Überbleibsel des wölfischen Rudeltriebs. Ein Rudel braucht ein Territorium oder Revier, in dem es jagt und ruht. Dieses Territorium wird durch die Körperausscheidungen, vor allem Urin, markiert, zuweilen auch durch sichtbare Zeichen, durch das Hochwirbeln von Erdreich nach dem Kotabsatz. Das Rudel verteidigt sein Territorium, indem es fremden Eindringlingen, ob es nun Hunde oder Menschen sind, daran hindert, es zu betreten. Unsere Hunde sind auch nach wie vor Jäger. Alles, was sich bewegt, von der Maus bis zum Auto, kann für sie zu einer potentiellen Beute werden.

Teamarbeit

Diese Schwedischen Schäferspitze stimmen ihre Aktivitäten ganz selbstverständlich aufeinander ab, genauso wie ein Rudel ihrer wölfischen Vorfahren. Indem sie gemeinsam ruhen, wachen und aktiv sind, können sie wie ein Team zusammenarbeiten.

Einordnen ins Rudel

Indem der Samojede seine Größe als Waffe einsetzt, versucht er den Pekinesen zu beherrschen. Der Pekinese verschafft sich dadurch Respekt, daß er den größeren Artgenossen beißt. Durch solche Auseinandersetzungen lernen die Hunde, welcher Platz innerhalb des Rudels ihnen zukommt.

Dein und mein ...

Zwei Französische Bulldoggen vergnügen sich gemeinsam mit einem Spielzeug. Während dominante Hunde ihre Besitztümer eifrig bewachen, benutzen die meisten anderen Hunde sie zum gemeinsamen Spielen.

Die Vorfahren des Haushunds

Der Riese aus dem Norden

Der Kenaiwolf Alaskas, der im Schnitt 60 kg wog, wurde um 1915 ausgerottet. Er ist wahrscheinlich aus asiatischen Wölfen hervorgegangen und könnte ein Vorfahr des Alaskan Malamute (Malamut) gewesen sein.

Kreuzung aus Asiatischem Wolf und nordamerikanischem Timberwolf

Ein Opfer der Abschußprämien

Der weiße Neufundlandwolf ist eine der 20 Wolfsunterarten, die einst Nordamerika bewohnten. Der letzte dieser eleganten, schmalköpfigen weißen bis elfenbeinfarbenen Tiere wurde 1911 abgeschossen. Sie waren knapp 2 m lang und wogen bis zu 45 kg.

Nordamerikanischer Timberwolf

König des Waldes

Die Timberwölfe waren früher über fast ganz Nordamerika verbreitet. Lange bevor die Europäer den Kontinent betraten, zähmten die amerikanischen Ureinwohner diese Wölfe und züchteten aus ihnen regionale Rassen. Heute haben Wölfe nur noch in Kanada und in kleinen Rückzugsgebieten in den USA überlebt.

Wanderer nach Süden

In Südamerika leben keine echten Wölfe. Die Art wagte sich im Süden nur bis Mexiko vor, wo eine kleine, dunkle Unterart (Canis lupus baileyi) bis heute überdauert hat. Der Chihuahua und der Mexikanische Nackthund stammen vermutlich von diesem Wolf ab.

Alle Haushunde sind, unabhängig von ihrer Größe, direkte Nachkommen der Wölfe. Den unterschiedlichen Färbungen, Größen und Temperamenten der Wolfsunterarten verdanken die Hunde ihre heutige Vielfalt. Die ursprüngliche Vielfalt in der freien Natur ist leider weitgehend verlorengegangen. Wölfe sind ausgesprochen gesellige Tiere mit scharfen Sinnen. Sie arbeiten bei der Jagd zusammen und können Beutetiere überwältigen, die größer sind als sie selber. Ihr hochentwickeltes Kommunikations- und Rudelverhalten, mit dem sie sich vor Feinden schützen, hat sich bis heute selbst in den kleinsten Haushunden erhalten.

Einsame Jäger

Der Europäische Wolf, aus dem viele Rassen wie beispielsweise die Spitze hervorgegangen sind, ist unabhängiger als andere Unterarten. Nur weniger dieser Wölfe haben überlebt, und zwar in entlegenen Bergregionen Europas.

Wanderer zwischen den Kontinenten

Verschiedene Formen des Europäischen Wolfs wanderten im Gefolge ihrer Beutetiere von Europa und Asien über Sibirien nach Nordamerika hinüber. Die Menschen folgten den gleichen Routen, und dadurch wurde die enge Beziehung zwischen den Arten gefördert.

Asiatischer Wolf

Europäischer Wolf

Der kleinste Wolf

Der aschgraue Japanische Wolf, der Shamanu, war weniger als 85 cm lang und kaum 40 cm hoch. Dieser mutmaßliche Vorfahr vieler japanischer Hunderassen, etwa des Shiba Inu, hatte ein kurzhaariges Fell und einen dicken hundeähnlichen Schwanz.

Indischer Wolf

Ein kühner Weltreisender

Der kleine Indische Wolf – südliche Unterarten sind durchweg kleiner als ihre nördlichen Verwandten – hat sich in ganz Arabien und in Afrika ausgebreitet. Sein Erbgut findet sich wahrscheinlich in sehr unterschiedlichen Rassen, im afrikanischen Basenji, im arabischen Saluki, im chinesischen Pekinesen und im Dingo.

Vom Wald zum Wohnzimmer

Wir fühlen uns zu den meisten Jungtieren hingezogen, aber bei den Wolfswelpen war es vor allem ihre offensichtliche Bereitschaft, sich in die menschliche Gemeinschaft einzufügen, die unsere Ahnen dazu bewog, diese Tiere als wertvolle Mitbewohner in ihre Behausungen aufzunehmen. Wölfe beschützten auf natürliche Weise ihr »adoptiertes« Menschenrudel, warnten es vor Gefahren und halfen ihm bei der Jagd. Durch die Weiterzucht der zahmsten und zuverlässigsten Stämme entstanden schließlich Wachhunde, Schutzhunde, Jagdhunde und Begleithunde. Die frühen Hunde glichen noch sehr den Wölfen, aus denen sie herausgezüchtet worden waren, doch durch die gezielte Auswahlzucht ist die große Rassenvielfalt zustandegekommen, die wir heute kennen.

Uralter Gefährte des Menschen
Der Pekinese, seit Jahrtausenden als Gefährte des Menschen gezüchtet, scheint sich vom Wolf sehr weit entfernt zu haben, aber er hat sich bis heute bestimmte Wolfsmerkmale bewahrt.

Auf Schnelligkeit gezüchtet
Der leichtfüßige Pharaonenhund, eine sehr alte Rasse, ist ein Abkömmling der kleinen Wölfe, die einst im Nahen Osten heimisch waren. Diese Windhunde wurden als »Sichthetzer« gezüchtet, d. h. sie verfolgen nur gesichtetes Wild.

Familienähnlichkeit
(Links) Der Samojede, hervorgegangen aus dem großen und kräftigen nördlichen Timberwolf, hat äußerlich viele Wolfsmerkmale beibehalten. Er ist ein guter Wächter, der beim Auftauchen eines Eindringlings sofort zu knurren beginnt.

Hund im Schafspelz
Der Briard (rechts) ähnelt den Schafen, die er zu beschützen hatte; die Ähnlichkeit dient als Tarnung, die Wölfe täuschen soll. Als der Tervueren (ganz rechts) entstand, waren Wölfe keine Bedrohung mehr, und deshalb erübrigte sich ein solches Täuschungsmanöver.

Notverpflegung
(Links) Diese Chow-Chows sind die Nachfahren von in China gezüchteten Wachhunden. Ihre Vorgänger dienten den Menschen in Notzeiten auch als Nahrung.

Kriegshunde
(Oben) Robuste, kraftvolle Hunde wie dieser Mastiff wurden gezielt für Verteidigung und Angriff gezüchtet.

Gehilfe des Jägers
(Oben) Dieser Deutsch-Kurzhaar apportiert »bringfreudig« ein erlegtes Federwild. Auch heute noch werden gezielt Rassen mit bestimmten Eigenschaften gezüchtet, die unseren gewandelten Anforderungen entsprechen.

Gemeinsames Handeln

Das Rudelverhalten ermöglicht es den Wölfen, Beutetiere zu rei-ßen, die größer sind als sie selber. Um bei der Jagd Erfolg zu haben, müssen Wölfe ihr Vorgehen koordinieren und sich untereinander mit geruchlichen, optischen und akustischen Signalen verständigen. Das kooperative Verhalten ist noch immer in allen Hunden angelegt und einer der Gründe dafür, daß sie so gute Hausgenossen abgeben. Hunde stimmen ihre Aktivitäten nicht nur aufeinander ab, sondern auch auf unseren Lebensrhythmus. Sie schlafen, wachen, rennen, jagen und fressen gemeinsam, und vereint begrüßen sie auch ihren Anführer.

Freßgemeinschaft
(Oben) Diese Beagle-Meute frißt ein-trächtig aus einem Napf. Weil die Tiere ein echtes Rudel bilden, gibt es keinen Streit darüber, wer als erster fressen darf.

Ausgetrickst
Obwohl diese dominanten Chihuahuas, die ein Zweier-rudel bilden, sehr viel kleiner sind als der Rhodesian Ridgeback, fressen sie als erste. Der große Außen-seiter muß zuschauen.

Mutterliebe
Die Langhaardackel blicken erwar-tungsvoll zu ihrer Besitzerin empor, von der sie sich Futter oder Zuwen-dung erhoffen. Sie benehmen sich so, wie sie als Welpen auf ihre Mutter reagiert haben. Inzwischen ist ihr Verhalten auf die Aktivitäten des zweibeinigen Rudelführers abgestimmt.

Zusammenarbeit im Team

Der gemeinsame Schlaf bietet den Mitgliedern eines Wolfsrudels Geborgenheit und Wärme. Wenn sie gleichzeitig aufwachen, sind sie gestärkt für die Teamarbeit. Diese Wölfe, die sich soeben erhoben haben, haben einen Geruch, einen Seheindruck oder ein Geräusch wahrgenommen und wenden sich ihm zu. Sobald ein Rudelmitglied etwas wittert oder hört, macht es die anderen durch seine Körpersprache darauf aufmerksam. Indem die Tiere ihre Aktivitäten koordinieren und zusammenarbeiten, erkennen sie Gefahren eher als ein einzelner Wolf und können leichter sehr große Beutetiere überwältigen.

Unverwandter starrer Blick

Bein erwartungsvoll angehoben

Rudelmitglieder halten eng zusammen

Teamarbeit

Wenn Hunden eine entsprechende Möglichkeit geboten wird, folgen sie bereitwillig dem Rudeltrieb, den sie von den Wölfen ererbt haben. Der ranghöchste Hund spielt den »Mannschaftsführer«, und die übrigen gehorchen seinen Befehlen. Der Unterschied zwischen einem Huskygespann und einem Wolfsrudel besteht darin, daß die Huskys zwei Mannschaftsführer haben – den dominanten Hund und den zweibeinigen Rudelchef. Echtes Rudelverhalten findet sich nur bei Hunden, die lange genug zusammengelebt haben, um ein Beziehungsgefüge auszubilden. Einzelgänger können zwar zusammen umherziehen, koordinieren aber ihre Aktivitäten nicht so eng wie ein Schlittengespann.

Gemeinsames Ruhen
Das Gespann ruht als Gruppe – eine Angewohnheit, die die Tiere als Welpen angenommen haben, als sie sich wärmesuchend aneinanderkuschelten. Obwohl diese Hunde keine Wurfgefährten sind, haben sie gelernt, sich wie solche zu benehmen.

Befehle aus dem Hintergrund
Die Huskys folgen bereitwillig den Anweisungen, die ihnen ihr Besitzer zuruft, und legen sich ins Zeug. Der Rudeltrieb verhindert Auseinandersetzungen zwischen den Hunden, während sie »arbeiten«.

Die Rute wird vor Erregung aufgerichtet

Die Körper berühren sich, wenn sich die Hunde ins Geschirr legen

Ein perfektes Gespann
Die Huskys konzentrieren sich auf die Zusammenarbeit im Team. Dank einer Kombination aus Instinkt und früh erlerntem Verhalten möchten sie am liebsten losrennen, sobald sie das Geschirr am Körper spüren.

Keine Zeit für Streit. Zieht!

Die Augen fixieren die Strecke

Ich bin stark, aber nicht so stark wie du.

Ehrenbezeigung vor dem Anführer

(Links) Der ranghöchste Hund des Husky-rudels springt hoch, um den eigentlichen Teamchef zu begrüßen. In unserer Beziehung zu Hunden muß der Mensch stets die Rolle des »Leittiers« spielen.

Schnappen nach dem Hundekuchen

(Oben) Der Rudelchef springt in die Luft und fängt einen dem Rudel zugeworfenen Lecker-bissen auf, während sich die übrigen Tiere zurückhalten. Zum Leithund hat der Besitzer eine Hündin bestimmt, weil ihre natürliche Auto-rität von den anderen Hunden anerkannt wurde.

Die Ohren sind erwartungs-voll nach vorn gerichtet

Auf geht's!

Das Gespann koordiniert seine Anstrengungen

Vor Aufregung machen die Hunde einen Satz nach vorn

Was das Aussehen verrät

Das Verhalten eines Hundes wird durch sein Geschlecht und seine Erbanlagen beeinflußt. Der junge Rüde erweist sich von der Geburt an als männlich, denn sein Gehirn wird durch das Geschlechtshormon Testosteron geprägt, das er bereits im Mutterleib erzeugt. Unter diesem hormonalen Einfluß entwickelt er sich größer, kräftiger und selbstbewußter als seine weiblichen Wurfgeschwister. Beim Weibchen zeigt sich die hormonale Wirkung auf das Verhalten nicht vor der ersten Läufigkeit, also gewöhnlich im Alter von sechs oder sieben Monaten. Auch Farbmutationen sind bei vielen Caniden (Hundeartigen), so bei Füchsen und Wölfen, mit Verhaltensveränderungen gekoppelt. Diese Tendenz ist durch die Auswahlzucht noch verstärkt worden, so daß man das Verhalten eines Hundes bis zu einem gewissen Grad von seiner Fellfärbung ablesen kann.

Der Rüde hat einen muskulösen Körper

Typisch männlich
Der männliche Hund ist aktiver als der weibliche, er spielt ausgiebiger und hinterläßt mehr Duftmarken auf seinem Territorium. Er ist außerdem aggressiver und zerstörungsfreudiger und neigt mehr dazu, umherzustreunen oder Fremde zu beißen.

Typisch weiblich
Die Hündin verlangt mehr Zuneigung und ist anhänglicher als ein typischer Rüde. Sie läßt sich auch leichter zum Gehorsam erziehen und bleibt häuslicher.

Übergewicht infolge Kastration und Überfütterung

Gefährliche Farben

Diese Cocker-Spaniels gehören zwar derselben Rasse und demselben Geschlecht an, aber das goldfarbene Tier (rechts) ist anfälliger für eine Krankheit, die als »Cocker-Wut« bezeichnet wird. Dabei kommt es zu Anfällen von Aggressivität, die ohne Vorwarnung auftreten und ebenso plötzlich wieder vergehen. Bei gemischtfarbigen Cockern (ganz rechts) taucht dieses Problem fast nie auf.

Rute aus »kosmetischen« Gründen kupiert (wird heute weitgehend abgelehnt)

Natur und Zuchtwahl

(Unten) Der dunklere Golden Retriever ist ein Rüde. Durch die Zuchtwahl sind seine dominanten, aggressiven Verhaltensmerkmale abgeschwächt worden; durch Kastration könnten sie weiter reduziert werden. Wenn das Weibchen kastriert wird, könnte es sich stärker dominant gebärden.

Der Rüde hat einen größeren Kopf und einen größeren Körper

Der Körper der Hündin ist kleiner als der des Rüden

Wer ist der Chef?

Wie wir Menschen haben auch die Hunde eine strenge Sozialordnung, bestehend aus Leittieren, Herausforderern, Hunden, die mit ihrer Stellung zufrieden sind, und Unterlegenen. Ein Wildrudel von jagenden Caniden muß als Team zusammenarbeiten und Beute schlagen. Die Aufrechterhaltung dieser »Hackordnung« oder Hierarchie ist lebensnotwendig, damit Kämpfe auf Leben und Tod innerhalb des Rudels vermieden werden. Das Sozialgefüge wird festgelegt durch ritualisiertes Imponiergehabe, das die geistigen und körperlichen Stärken und Schwächen der Beteiligten enthüllt. Sobald Hunde ihre Rangposition begriffen haben, geben sie sich meist damit zufrieden und respektieren die ihnen auferlegten Beschränkungen.

Beschwichtigungsgesten (Oben)
Indem sich die Dalmatinerhündin duckt und die Lippen krauszieht, gibt sie dem ranghöheren Schäferhund zu verstehen, daß sie ihn nicht herauszufordern gedenkt.

Machtdemonstration
Der Greyhound fixiert die Boxerhündin mit starrem Blick und legt ihr die Pfote auf die Schulter, während sie den Kopf abwendet und dem Blickkontakt ausweicht. Dieses ritualisierte Verhalten bestätigt, daß der Greyhound dominant ist und keine Herausforderung duldet.

Die rangniedere Hündin meidet den Blickkontakt

Der Vorderlauf liegt fest auf dem Rücken der Hündin

Schon gut, du bist der Größte!

Die Hündin wendet sich fluchtbereit ab

Der Welpe konzentriert sich auf das Spielzeug

Ich bin zwar klein, aber selbstbewußter als du.

Ehrfurcht vor dem Alter
Der Golden-Retriever-Welpe schaut zu, wie der ältere Labrador-Retriever ihm sein Spielzeug wegnimmt. Der Welpe weiß, daß der Ältere, zumindest vorerst, einen höheren Rang innehat und machen kann, was er will.

Die angehobene Rute ist ein Dominanzzeichen

Die Größe ist nicht entscheidend
(Oben) Obwohl dieser Yorkshire-Terrier viel kleiner ist als der Afghane, behauptet er seine Stellung. Durch seine selbstbewußte Körpersprache zwingt er den größeren Hund zum Zurückweichen.

Auge in Auge
Bei ihrer ersten Begegnung starren der Pyrenäenhund und der Beagle einander an und beschnuppern sich gegenseitig. Der Hund, der den Blickkontakt am längsten aushält, erweist sich als der ranghöhere.

Die Beinstellung zeugt von Selbstsicherheit

Uraltes Ritual
Die beiden Wölfe blecken die Zähne und tragen einen ritualisierten Ringkampf aus. Der Leitwolf eines Rudels reagiert auf jede Herausforderung mit einer Zurschaustellung seiner Überlegenheit. Rangordnungen sind in Wolfsrudeln komplexer als bei Haushunden.

Rollenspiele

Vor allem durch das Spiel erfahren die Hunde, in welcher Beziehung sie zueinander stehen. Indem sie miteinander spielen, entdecken sie ihre Schwächen und Stärken und lernen sie, ihre sozialen Fertigkeiten einzusetzen und zu vervollkommnen. Das Spiel entschärft potentiell gefährliche Situationen, die durch Rangstreitigkeiten entstehen, und festigt in ritualisierter Form das Rudelgefüge. Wie wir Menschen bewahren sich die Hunde ihre Spielfreude ihr ganzes Leben lang, und für viele ist das Spiel ein Selbstzweck, also eine Sache, die nur um des Vergnügens willen betrieben wird.

1 Geruchsinspektion

Erste Begegnungen sind immer potentiell gefährlich. Diese beiden Hunde werden mit der Leine zurückgehalten, während sie einander beschnuppern. Keiner von beiden wirkt aggressiv, doch der Foxterrier ist wegen seines Geschlechts und seines höheren Alters von vornherein überlegen.

Ich bin hier der Chef!

2 Ein heikler Augenblick

(Oben) Die Cocker-Spaniel-Hündin rollt sich in einer Weise auf den Rücken, die jede Aggression seitens des Foxterriers unmöglich macht. Gleichzeitig achtet sie darauf, daß der Blickkontakt mit dem Terrier erhalten bleibt, um ihm zu signalisieren, daß sie sich nicht nur aus Feigheit so benimmt.

Der Lauf wird angehoben, um den Terrier notfalls in die Schranken zu weisen

3 Spielerisches Bellen

Die Spanielhündin, die spürt, daß keine Gefahr besteht, und den direkten Blickkontakt aufrechterhält, bellt verspielt und springt in Richtung Terriergesicht. Im harmlosen Spiel versuchen Hunde einander mit der Schnauze zu berühren oder die Kopfregion zu beknabbern.

Mal sehen, wer gewinnt.

4 Kopf an Kopf
Beide Hunde sind jetzt gleichgestellt und führen mit den Vorderläufen einen Boxkampf auf. Sie knurren, aber das Knurren ist, wie das meiste Spielverhalten, ein bißchen »theatralisch«. Vom echten Knurren unterscheidet es sich gerade so stark, daß es als nicht erst gemeint erkennbar bleibt.

Der direkte Blickkontakt wird ständig aufrechterhalten

Die zurückgelegten Ohren zeigen an, daß der Angriff nicht ernst gemeint ist

Jetzt weiß ich, daß du zäher bist, als du aussiehst.

Der feste Stand erlaubt es, den Spielkampf aus einer Position der Stärke zu führen

5 Kreiseln
(Links) Die engen Kreiselbewegungen sind eine Fortsetzung des Spielverhaltens. Jeder Hund versucht den Nacken seines Spielkameraden zu beknabbern. Obwohl sich die beiden erst seit wenigen Minuten kennen, hat jeder sofort herausgefunden, wo die Stärken und Schwächen des anderen liegen.

Das Alpha-Tier

Damit das Rudel seine Aktivitäten richtig koordinieren kann, muß ein Hund Autorität ausüben und als Anführer fungieren. Aufgrund der hormonbedingten Verhaltenssteuerung ist der dominante Hund häufig ein Rüde. Er sichert seinen Führungsanspruch durch sein Dominanzverhalten – ritualisierte Gesten, die anderen Hunden klarmachen, daß er der Chef ist, das »Alpha-Tier«. Bei der Ermittlung des Alpha-Tiers spielt die Körpergröße eine wichtige, aber nicht die entscheidende Rolle. Dobermänner und Rottweiler sind von Hause aus dominante große Hunde, aber viele kleine Rassen, insbesondere Terrier und Dackel, sind dominanter als manche Artgenossen, die um ein Mehrfaches größer sind als sie.

1 Erstes Beschnuppern
Der dominante Langhaar-Zwergdackel inspiziert einen Pekinesen, indem er dessen Ohren und Schnauze beschnuppert. Seine angehobene Rute und seine Ohren, die so weit aufgerichtet sind, wie es bei einem Dackel möglich ist, bezeugen sein selbstsicheres Auftreten.

2 Kopf auf Nacken – ein Zeichen der Überlegenheit
Das Auflegen des Halses auf die Schulter eines anderen Hundes ist in der Körpersprache die häufigste Überlegenheitsgeste. Der direkte Blickkontakt verrät das Selbstbewußtsein des Dackels.

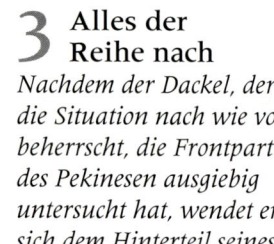

3 Alles der Reihe nach
Nachdem der Dackel, der die Situation nach wie vor beherrscht, die Frontpartie des Pekinesen ausgiebig untersucht hat, wendet er sich dem Hinterteil seines Untergebenen zu.

Die gesenkte Rute verrät fehlendes Selbstbewußtsein

1 Unbeirrte Selbstsicherheit

Die Körpersprache des selbstbewußten Dackels umfaßt eine Vielzahl von Überlegenheitsgesten. Da er die Aftergegend des großen Hundes, eines Spinone, mit der Nase nicht erreichen kann, beschnüffelt er dessen Vorhaut. Trotz seiner Winzigkeit beweist der Dackel seine Dominanz dadurch, daß er bei dieser Inspektion die Führung übernimmt.

2 Größenunterschiedsproblem

Nachdem sich der Dackel dem großen Spinone sehr selbstbewußt genähert hat, hat er Schwierigkeiten, seine Überlegenheit tatsächlich zu demonstrieren. Obgleich er zu klein ist, um den Spinone körperlich zu dominieren, versucht er dessen Schnauze zu beschnuppern.

Ohren so weit wie möglich aufgerichtet

Ich zeige ihm, wer der Boß ist.

So ist's besser. Jetzt kann ich meine Überlegenheit beweisen.

3 Autoritätsbeweis

Als sich der Spinone schließlich hinlegt, kann der dominante Dackel seine Überlegenheit demonstrieren. Er beschnuppert die Kopfregion seines Gegenübers, richtet sein Rückenfell auf, so gut er es vermag, und starrt dem viel größeren, aber unterlegenen Hund selbstsicher in die Augen.

Begegnung auf gleicher Ebene

Auch wenn ein Hund stets die Führungsrolle innerhalb des Rudels übernimmt, so bedeutet das doch nicht, daß sich alle anderen Rudelmitglieder unterwürfig und passiv verhalten. Die meisten Hunde sind selbstbewußt und selbstsicher – freilich auf eine weniger provozierende Weise als das Alpha-Tier – und werden als »subdominant« bezeichnet. Die ritualisierten Gesten, die sie bei einem Zusammentreffen zeigen, sind subtil und vielfach kurz angebunden und lösen fast spontan soziale Verhaltensweisen aus. Wenn zwei subdominante Hunde einander zum erstenmal begegnen, entstehen kaum Spannungen; entweder spielen die Tiere sofort miteinander, oder sie geben sich gleichgültig-entspannt. Diese Situation ergibt sich gewöhnlich, wenn ein Welpe zufällig einem fremden ausgewachsenen Hund begegnet.

Die lockere Haut schützt die Kehle

2 Derbes Spiel
Der jüngere Hund packt eine Hautfalte und zerrt daran. Wenn der ausgewachsene Mastiff den Welpen nicht zurechtweist, lernt der Welpe daraus, daß zwei Hunde zusammentreffen und miteinander spielen können, ohne ihr Dominanzverhalten offen zeigen zu müssen.

1 Erste Begegnung
Dieser junge Bluthund nähert sich arglos einer Mastiffhündin und beginnt ohne das vorbereitende Ritual (s. S. 26/27) mit ihr zu spielen. Obwohl sie weiß, daß sie stärker ist, demonstriert sie nicht ihre Überlegenheit und gestattet es dem Bluthund, das Spiel fortzusetzen.

Die aufgerichtete Rute zeugt von Erregung

Schwanzwedeln deutet auf Aggressionshemmung hin

Benimm dich!

3 Ritualisierte Reaktion

Der Bluthund überschreitet die ihm gesetzten Grenzen, woraufhin die Mastiffhündin sich veranlaßt sieht, ihn zurechtzuweisen, indem sie ihn sanft auf den Boden drückt. Sie tut das in einer ritualisierten Form, nämlich mit physischer Kraft, aber ohne große Drohgebärde. Der beiden Hunden gemeinsame subdominante Rang macht ein harmonisches Verhalten möglich.

Komm, spielen wir weiter!

Die entspannte Ohrenstellung zeigt keine Drohung an

Hinterläufe sind in Ruhelage ausgestreckt

Die angehobene Rute verrät, daß sich der Welpe nicht eingeschüchtert fühlt

4 Nicht nachgeben

(Oben) Der Bluthund erkennt, daß sich im Verhalten der Mastiffhündin kein Dominanzanspruch ausdrückt. Sie hat sich subdominant benommen, und er benimmt sich jetzt genauso, wenn er ihr die Pfote auf den Kopf legt, um sie zu einer weiteren Reaktion zu bewegen.

Willst Du mit mir spielen?

Die Hinterläufe hängen schlaff und völlig entspannt herab

5 Letzte Aufforderung

Die Begegnung verläuft weiterhin fast spannungsfrei, doch inzwischen gibt sich die Mastiffhündin zunehmend gleichgültig gegenüber den Provokationen des Bluthundes. Daraufhin wälzt dieser sich auf den Rücken und fordert sie zum Weiterspielen auf.

Wie kannst Du mir widerstehen?

Der unterlegene Hund

Hunde verständigen sich mit Hilfe ihrer Körpersprache. Deswegen können wir mühelos verstehen, was sie einander oder gegebenenfalls uns mitzuteilen haben. Unterordnung ist notwendig, wenn Rudelmitglieder den Befehlen des Anführers folgen müssen, und es ist auch die Voraussetzung für die erfolgreiche Eingliederung eines Hundes in unsere Familie. Selbst die ranghöchsten Hunde sollten sich gegenüber den menschlichen Rudelgefährten unterwerfungsbereit zeigen. Um fügsamere Hausgenossen abzugeben, wurde manchen Hunden eine ständige Unterordnungsbereitschaft angezüchtet.

Entspannte Unterwerfung

(Unten) Wie dieser Sheltie zeigen viele Hunde ganz selbstverständlich und bereitwillig ihr Unterwerfungsverhalten, wenn der Rudelführer in der Nähe ist. Die Hündin hat den Schwanz schlaff auf den Boden gelegt und möchte beachtet werden.

Armesünderblick

(Links) Dieser Weimaraner sitzt mit hängenden Schultern da und läßt auch den Kopf und die Ohren hängen, wenn er mit einem ranghöheren Hund konfrontiert ist. Seine Augen versuchen dem Blickkontakt auszuweichen.

Ich gehorche, solange du mir sagst, was ich tun soll.

Aus Unterwürfigkeit eingeknickt

Schwanz zwischen die Beine geklemmt

Völlige Unterwerfung

(Rechts) Ihre vollkommene Unterwürfigkeit demonstriert diese Yorkshire-Terrier-Hündin dadurch, daß sie sich auf den Rücken dreht, den Schwanz zwischen den Hinterbeinen einklemmt und ihre Lefzen und Ohren zurückzieht. Die Harnabgabe in dieser Stellung kennzeichnet das Endstadium der Unterwerfung.

Nur keinen Streit

Taktischer Rückzug

(Oben) Indem der Pekinese den Kopf einzieht und den ganzen Körper auf den Boden drückt, entschärft er eine potentiell gefährliche Situation, die sich aus der Begegnung mit einem gleich großen, aber dominanten Dackel ergeben könnte.

Angehobener Vorderlauf

Ohren sind zum Schutz angelegt

Laß mich bitte in Ruhe!

Beschwichtigungsgeste

Mit angelegten Ohren, zurückgezogenen Lefzen und abgewandtem Kopf wirft sich der Whippet auf die Seite. Er ist drauf und dran, seinen Vorderlauf anzuheben, um seine Unterwerfung nachdrücklich zu signalisieren. Die Rute ist eng an den Körper angelegt, wo ihr keine Gefahr droht.

Ich bin völlig wehrlos und ungefährlich.

Gesenkter Kopf

Zurückgelegte Ohren

Abgewandte Augen

Rudelrivalitäten

Hunde hüten eifersüchtig ihre Besitztümer und wollen oft gerade das haben, was ein anderes Rudelmitglied besitzt – nur weil sie es selbst besitzen möchten. In einer solchen Situation erreichen nur sehr dominante Tiere ihr Ziel durch Aggression. Bei subdominanten Hunden kann der Streit um den Besitz eines Gegenstands zu einem Geschicklichkeits- und Intrigenspiel ausarten. Der Besitzer versucht seine Beute vor dem Gebiß des anderen Hundes zu schützen, doch wenn es diesem gelingt, seine Zähne in sie hineinzuschlagen, lassen sich die beiden Hunde auf ein Tauziehen ein (s. S. 76/77). Der begehrte Gegenstand wandert zwischen den beiden hin und her, aber Sieger bleibt am Ende vielfach das leicht überlegene Rudelmitglied.

1 Neidischer Zuschauer
(Oben) Während der dunkel gestromte Rüde, eine Französische Bulldogge, auf einem Spielzeug herumkaut, schaut ihm sein gescheckter Wurfgenosse neidisch zu, wobei er einen einschüchternden oder provozierenden Blickkontakt vermeidet.

Was du hast, will ich auch haben.

Die Nackenhaare bleiben glatt angelegt

Sprungbereit vorgestreckte Hinterhand

Die kurzen, stämmigen Beine sorgen für einen guten Halt

Die Ohren sind unterwerfungsbereit zurückgelegt

2 Pseudospielverhalten
*(Oben) Weil seine Anwesenheit keine
Aggression ausgelöst hat, nimmt der gescheckte
Hund jetzt eine Spielposition ein und blickt
seinen Bruder und den begehrten Gegenstand
direkt an.*

Die entspannte
Ohrenstellung zeigt
keine Verärge-
rung an

**3 Selbstbewußter
Zugriff** *(Unten)
Nachdem der Schecke weder durch
Gesten noch durch Lautäußerungen bedroht worden ist, kriecht er rasch und
selbstsicher näher heran und
schnappt nach dem Spielzeug
zwischen den Kiefern des
anderen Hundes.*

Das Spielzeug
wird mit den Fangzähnen gepackt

*He! Das
gehört mir!*

4 Verteidigung der Beute
*(Links) Unter Zurschaustellung
seiner leichten Überlegenheit kaut jetzt
der gescheckte Hund auf seiner Beute
herum, hat aber ein wachsames
Auge auf seinen Gegenspieler.
Der spielerische Wettstreit
geht weiter, denn die
beiden Hunde nehmen
sich das Spielzeug in
einem sportlich –
und hinterlistig –
ausgetragenen
Zweikampf
wiederholt
gegenseitig
ab.*

Der Blick-
kontakt
wird auf-
rechter-
halten

*Wenn du es zurück-
haben willst, mußt
du es dir holen.*

Reviermarkierung

Weil die Nase das wichtigste Sinnesorgan der Hunde ist, benutzen sie die Duftstoffe ihrer Ausscheidungen dazu, ihr Revier oder Territorium zu markieren. Manche Hunde scharren nach der Urin- oder Kotabgabe Erde oder Gras hoch, um zusätzlich eine sichtbare Markierung zu setzen. Als Reviermarkierung wird zwar am häufigsten der Harn verwendet, aber praktisch alle Körperflüssigkeiten und -sekrete, unter anderem Speichel und Ohrenschmalz, können als duftende »Visitenkarten« dienen.

1 Markierung eines Baumstumpfs
Rüden wie dieser Tervueren (Belgischer Schäferhund) heben das Bein, um an senkrechten Gegenständen zu urinieren. Urinmarken werden bewußt in Nasenhöhe abgesetzt. Außerdem hält sich der Duft an Pfosten oder Baumstämmen länger als auf dem Boden.

Duftstoffe aus den Ohren vermitteln soziale Informationen

Die Einkrümmung des Rückens erleichtert die Kotabgabe

Die Lefzen erzeugen einen unverwechselbaren Duft

Die Analdrüsen geben dem Kot einen individuellen Geruch mit

Geruchsstoffe aus den Analdrüsen
Wenn der Greyhound seinen Darm entleert, imprägniert er die Kotmasse mit seinen individuellen Geruchsstoffen aus den Analdrüsen. Sowohl Rüden als auch Hündinnen verwenden diese Drüsenausscheidungen für die Anbringung von Duftmarken; sie entleeren ihre Drüsen allerdings auch, wenn sie in Panik geraten.

Der Hund hebt den Schwanz und bekundet damit sein Interesse, sobald er den Duft entdeckt

3 Spurenverwischung
(Oben) Der Setter setzt seinen Urin ab, um die alten Geruchsspuren früherer Besucher zu überdecken. Hunde können bis zu achtzigmal in der Stunde markieren und haben immer noch Urin in Reserve.

2 Untersuchung der Duftmarken *(Oben)*
Ein vorbeikommender Irish-Setter-Rüde riecht den Urin, der dem Baum anhaftet. Die flüssigen Ausscheidungen verraten ihm, ob der Hund, von dem sie stammen, männlich oder weiblich war. War es eine Hündin, kann er auch feststellen, ob sie läufig ist.

Markieren
Der männliche Golden Retriever uriniert, um sich mit seinem Eigengeruch zu umgeben. Hündinnen beschnuppern zwar die Duftmarken anderer Hunde, aber sie markieren selbst nur dann häufiger, wenn sie läufig sind.

Der Schwanz wird angehoben, damit er nicht beschmutzt wird

Baummarkieren in der Natur
In seiner natürlichen Umwelt hebt dieser nordamerikanische Timberwolf das Bein, um einen Baum mit seinem Harn zu markieren. Damit kennzeichnet er die Reviergrenzen, so daß er weiß, wann er sich wieder auf heimischem Gelände befindet. In der »unnatürlichen« Umwelt, in der unsere Haushunde leben, wird der Baum zuweilen durch den nächstbesten Vorhang ersetzt.

Revierverteidigung

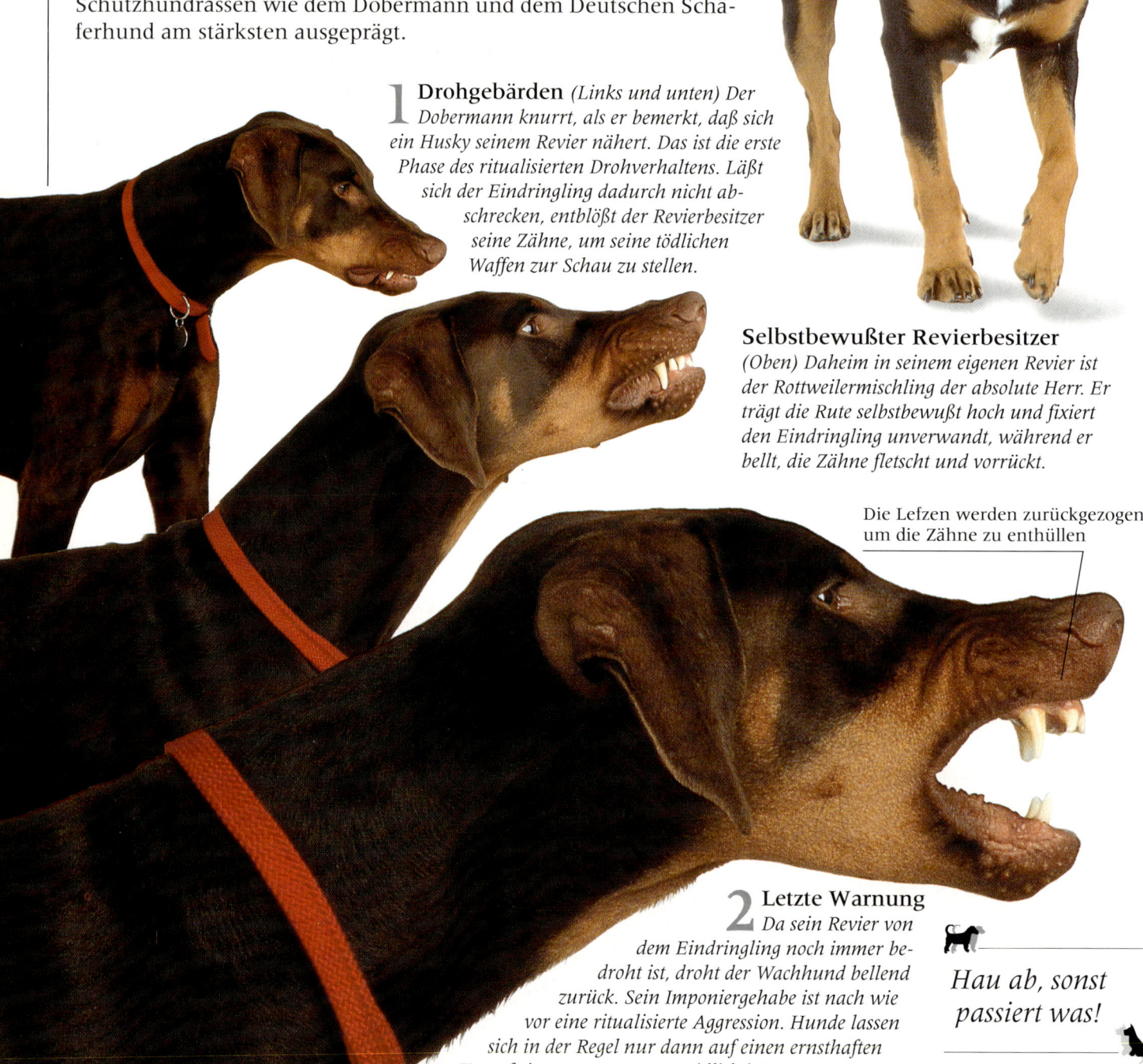

Unabhängig von Geschlecht oder Größe verteidigen Hunde von Natur aus das Gebiet, das sie als ihren persönlichen Lebensraum oder als das Territorium ihres Rudels betrachten. Deswegen schätzen wir sie als Wachhunde, aber dieses Verhalten kann auch Probleme heraufbeschwören. Hunde werden manchmal territorial-aggressiv, wenn wir das nicht wollen, zum Beispiel wenn sie im Auto zurückgelassen werden. Diese Form der Aggressivität ist weitgehend erblich bedingt, und deshalb ist sie bei Schutzhundrassen wie dem Dobermann und dem Deutschen Schäferhund am stärksten ausgeprägt.

1 Drohgebärden *(Links und unten) Der Dobermann knurrt, als er bemerkt, daß sich ein Husky seinem Revier nähert. Das ist die erste Phase des ritualisierten Drohverhaltens. Läßt sich der Eindringling dadurch nicht abschrecken, entblößt der Revierbesitzer seine Zähne, um seine tödlichen Waffen zur Schau zu stellen.*

Selbstbewußter Revierbesitzer
(Oben) Daheim in seinem eigenen Revier ist der Rottweilermischling der absolute Herr. Er trägt die Rute selbstbewußt hoch und fixiert den Eindringling unverwandt, während er bellt, die Zähne fletscht und vorrückt.

Die Lefzen werden zurückgezogen, um die Zähne zu enthüllen

2 Letzte Warnung
Da sein Revier von dem Eindringling noch immer bedroht ist, droht der Wachhund bellend zurück. Sein Imponiergehabe ist nach wie vor eine ritualisierte Aggression. Hunde lassen sich in der Regel nur dann auf einen ernsthaften Kampf ein, wenn es unvermeidlich ist.

Hau ab, sonst passiert was!

Mobiles Territorium

In seinem zeitweiligen Territorium bellt dieser Schäferhund aggressiv, weil er sich in seinem persönlichen Bereich bedroht fühlt. Hunde verteidigen bisweilen Areale, die sie als ihr Eigentum betrachten, unter anderem so kleine Reviere wie einen Sessel oder einen anderen Ruheplatz. Vor allem Terrier verteidigen oft den Wagen ihres Besitzers und ähnliche Kleinreviere.

Die seitlich abgespreizten Ohren zeigen ambivalentes Verhalten an

Die nach vorn gerichteten Ohren sind ein Zeichen von Dominanz

3 Unbeirrter Vormarsch

Der Eindringling ignoriert das Drohverhalten des Dobermanns und rückt aggressiv vor. Weil der Husky angesichts der ritualisierten Drohungen nicht klein beigibt, provoziert er den Revierinhaber zu einer nachhaltigen Verteidigung seines Territoriums. Diese Konfrontation wird wahrscheinlich zu einem Kampf ausarten.

Du kannst mich nicht erschrecken.

Das ganze Gebiß wird herausfordernd zur Schau gestellt

Verfolgungsjagd

Wir haben den Jagd- und Tötungstrieb des Hundes durch die Auslesezucht reduziert, aber alle Hunde verfolgen instinktiv fast alles, was sich bewegt, denn sie stammen von wildlebenden Hetzjägern ab. Dieser natürliche Raubtierinstinkt wurde bei Hütehundrassen zweckmäßig kanalisiert, die zwar ihrem Naturtrieb frönen können, aber nur in unserem Interesse. Sie sind darauf abgerichtet, die Schafe oder Rinder zu jagen und einzukreisen, ohne sie anzugreifen. Ohne eine sachgerechte Erziehung behält der Hund seine angeborene Neigung bei, seine Beute zu hetzen und zu reißen.

Angehobener Schwanz

Schau, er rennt vor mir davon!

Radfahrerschreck *(Oben)*
Der Anblick eines sich bewegenden Fahrrads reizt diesen Hund, die Verfolgung aufzunehmen. Weil der Radfahrer weiterfährt, statt anzuhalten und sich dem Hund zu stellen, wird der tierische Jagd- und Territorialinstinkt befriedigt, und das Hetzen von Radfahrern kann dann leicht zu einer schlechten Angewohnheit werden.

Mit gesenktem Kopf wird das Schaf fixiert

Die Pfotenstellung erlaubt einen raschen Antritt

Was sich bewegt…

Der Jogger provoziert den Hund zu einer Verfolgungsjagd. So etwas kann überall passieren, nicht nur im eigenen Revier des Hundes. Wenn der Jogger plötzlich stehenbleibt und dem Hund Paroli bietet, lernt dieser, daß die Hetzjagd nicht immer eine sinnvolle Betätigung ist.

Die eingerollte Rute
verrät starke Erregung

Ohren nach
vorn gerichtet

*Ich werde ihn
vertreiben.*

Auf Beutejagd

Ein Timberwolf im Winterfell beäugt mit gesenktem Kopf seine Beute. Er will sich so nah heranpirschen, daß er sie nach einer kurzen Hetzjagd überwältigen kann. Auch Hunde lassen sich nur selten auf Marathonläufe ein. In freier Wildbahn koordiniert das Wolfsrudel sein Beutefangverhalten, doch bei Hunden kommt das selten vor, selbst bei frei umherstreunenden Hunderudeln.

Sinnvolle Hetzjagd

Der Gebrauchshund (gegenüberliegende Seite) folgt seinem Naturtrieb, wenn er sich an das Schaf heranschleicht. Der Hund hat gelernt, daß er nicht zubeißen darf. Nicht abgerichtete Hunde verlieren oft die Beherrschung und verletzen dann ihre Beute.

39

Das Leben des Hundes

Hunde reagieren empfindlich auf die kleinsten Veränderungen in ihrer Umgebung. Mit den feinen Sinnen des geborenen Raubtiers beobachten sie uns sehr viel aufmerksamer, als wir sie beobachten, und sie nehmen sogar Körpersprachesignale wahr, die wir ganz unbewußt aussenden. Ihrerseits benutzen sie ihre Stimme, um ihre Stimmung und ihre Wünsche auf mannigfaltige Weise auszudrücken; sie heulen, um andere Rudelmitglieder herbeizurufen, sie knurren vor Wut, bellen vor Freude oder winseln um Zuwendung.

Hunde verfügen über alle Fertigkeiten ihrer wilden Vorfahren. Sie sind zwar nicht so gewandt wie Katzen, aber gleichwohl gute Springer. Sie sind hervorragende Schwimmer – für viele Hunde gibt es kein größeres Vergnügen als einen Sprung ins Wasser. Ihre Sinnesorgane sind vielfach den unseren weit überlegen. Sie hören besser als wir; diese Fähigkeit ermöglicht es ihnen, das Rascheln eines dahinhuschenden Nagetiers und neuerdings auch das Öffnen der Kühlschranktür zu erfassen. Ihre Befähigung, Gerüche aufzuspüren, zu orten und zu identifizieren, ist so überragend, daß sie unser Vorstellungsvermögen übersteigt.

Balanceakte
Beim Anblick des Futters versuchen diese beiden Terrier auf unterschiedliche Weise so nah wie möglich heranzukommen. Der Scottish-Terrier balanciert sicher auf der Hinterhand, während der West Highland White Terrier auf den Zehenspitzen herumtanzt.

Eingefleischte Gewohnheiten
Mit geschickten Vorderpfoten demonstriert dieser Hund die vom Wolf ererbte Technik, Nagetiere auszugraben, die sich im Boden verkrochen haben. Hunde graben, um nach Freßbarem zu suchen, um ein kühles Ruheplätzchen zu schaffen oder um sich die Langeweile zu vertreiben.

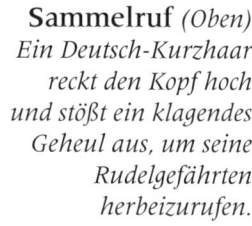

Sammelruf *(Oben)*
Ein Deutsch-Kurzhaar reckt den Kopf hoch und stößt ein klagendes Geheul aus, um seine Rudelgefährten herbeizurufen.

So wie wir Parfüm verwenden, imprägnieren sich Hunde gern mit starken Düften. Sie wälzen sich in scharf riechenden Stoffen, sogar in Kothaufen.

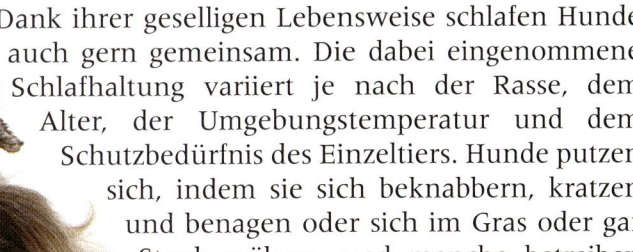

Schnuppernase
Mit seiner feinen Nase beschnuppert dieser Basset den Boden. Hunde können manche Duftstoffe noch in millionenfach geringerer Verdünnung wahrnehmen als der Mensch.

Peilvermögen
Mit geneigtem Kopf, so daß der Schall in minimal abweichenden Intervallen auftritt, spitzt dieser Terrier die Ohren, um eine Geräuschquelle genau anzupeilen.

Da Hunde sowohl Aasfresser als auch Beutegreifer sind, fressen sie alles mögliche, wobei es ihnen ziemlich gleichgültig ist, ob das Futter frisch ist oder nicht. Sie benagen Stöcke und Knochen und vergraben zuweilen »überschüssige« Nahrung für Notzeiten. Als Rudeltiere wetteifern sie um das Futter. Der dominante Hund frißt als erster, und alle Hunde schlingen ihre Nahrung herunter, um zu verhindern, daß die Rudelgenossen sie ihnen wegschnappen – selbst wenn Sie und Ihre Familie das Rudel bilden.

Dank ihrer geselligen Lebensweise schlafen Hunde auch gern gemeinsam. Die dabei eingenommene Schlafhaltung variiert je nach der Rasse, dem Alter, der Umgebungstemperatur und dem Schutzbedürfnis des Einzeltiers. Hunde putzen sich, indem sie sich beknabbern, kratzen und benagen oder sich im Gras oder gar Staub wälzen, und manche betreiben auch gegenseitige Körperpflege.

Fellpflege
Ein junger Afghane kratzt sich im Nacken. Bei der Körperpflege benagen und beknabbern die Hunde ihr Hinterteil und kratzen sie sich vorne. Das Gesicht reiben sie, ähnlich wie die Katzen, mit den Vorderpfoten blank.

Manuelles Geschick
Mit beiden Vorderpfoten hält der Golden Retriever den Hundeknochen fest, den er benagt.

Sehvermögen

Hunde können zwar selbst kleine Bewegungen in der Ferne besser wahrnehmen als wir, aber ihr Nahsehen ist nicht so gut wie das unsere. Obwohl ihre Augen nicht so weit auseinanderstehen wie beim Wolf, sind sie dennoch zu weit voneinander entfernt, um eine große Schärfentiefe zu gewährleisten. Hunde besitzen in den Augen und im Gehirn die für das Farbensehen notwendigen Zellen, doch in der Praxis spielen Farben für sie eine untergeordnete Rolle. Die Hauptfunktion ihrer Augen besteht darin, unscheinbare Bewegungen zu erfassen und sich dann intensiv auf sie zu konzentrieren.

Sehe ich nicht intelligent aus?

Vorgetäuschte Intelligenz
Diese Boxerhündin hält sich Tag für Tag in der Rezeption meiner Klinik auf. Wegen ihrer Augenstellung wirkt ihr Gesicht recht menschenähnlich, und deshalb macht sie einen intelligenteren Eindruck als ein Hund mit seitlich angeordneten Augen.

Die schräggestellten Augen erleichtern das Seitwärtssehen

Die Hündin sitzt ganz still, wenn sie sich konzentriert

Ich kann für meinen Herrn mitsehen.

Natürliches Augenmakeup
Die Augen des Huskys sind von dunkler Haut umrandet. Sie schwächt das vom Schnee reflektierte grelle Licht ab und macht zugleich die Augen zu einem auffälligen Ausdrucksmittel für die Kommunikation.

Nachtsichtigkeit
Die Französische Bulldogge kann ihre Pupillen weiter öffnen als wir und somit mehr Licht einfangen. Ihre Augen enthalten auch mehr Stäbchen, wie man die Netzhautzellen nennt, die schwaches Licht als Schwarz und Weiß registrieren.

Die Pupillen erweitern sich, um mehr Licht einfallen zu lassen

Hunde sehen anders *(Oben)*

Die Welt eines Hundes unterscheidet sich von der seines Herrn. Wir müssen imstande sein, ein Objekt scharf zu sehen, seine Farben zu erkennen und zu entscheiden, ob es gefährlich oder harmlos ist. Die frontal angeordneten Augen mit zahlreichen farbempfindlichen Zäpfchenzellen befähigen uns dazu, schränken aber zugleich unseren Gesichtswinkel ein. Die Vorfahren der Hunde waren ein erster Linie fleischfressende Jäger, für die ein breites Sehfeld wichtiger war als das Farbensehen. Im Seitwärtssehen sind die Hunde uns überlegen, und ihr Gesichtswinkel ist größer. Da sie weniger Zäpfchen besitzen als wir, ist ihre Farbwahrnehmung weitgehend auf Rottöne beschränkt.

Ich konzentriere mich auf dich.

Wegen der braunen Pigmentierung der Lidinnenseite wirkt dieses Auge anders wie das andere

Ein ursprünglicher Sichtjäger

Afghanen sind typische Vertreter der alten Hundezüchtungen, bei denen man vor allem auf scharfes Sehen und Geschwindigkeit Wert gelegt hat. Ihre Augen reagieren auf Licht und Bewegungen empfindlicher als Menschenaugen, und dank ihrer seitlichen Anordnung erfassen sie ein breites Sehfeld.

Lautäußerungen

Das Hörvermögen des Hundes ist im Schnitt viermal besser als das unsere. Er hört auch hohe Töne besser; diese Fähigkeit haben sich seine Wolfsahnen zugelegt, auf deren Speisezettel nicht nur große Pflanzenfresser standen, sondern auch Kleintiere, etwa Mäuse, die hohe Laute von sich geben. Wölfe kennen zwar einen gebellten Warnruf, aber das Hundegebell ist eher ein vom Menschen hervorgebrachtes Merkmal, das man bei Wachhunden zielstrebig gefördert hat. Das Heulen bleibt nach wie vor ein akustisches Verständigungsmittel, wohingegen das Fiepen, Winseln und Jaulen lebenslang beibehaltene kindliche Lautäußerungen sind.

Bitte um Aufmerksamkeit
(Links) Dieser West Highland White Terrier bellt, weil er beachtet werden möchte. Das Bellen wird außerdem als Warn- oder Drohlaut benutzt, nicht anders als bei Wölfen, die bellend Alarm schlagen.

Wir sind hier. Wo steckt ihr?

Der Hund wendet den Kopf, um eine entfernte Geräuschquelle zu orten

Die Lefzen werden beim Heulen zurückgezogen

Hundemarken ermöglichen die Identifizierung und sollten von allen Hunden getragen werden

Klagendes Geheul
Während ihre Gefährtin angespannt auf eine Antwort lauscht, heult der Basenji-Rüde mitleiderregend, um den Kontakt zu den übrigen Rudelgenossen herzustellen. Bei der Zucht von Basenjis hat man keinen Wert auf das Bellen gelegt. Infolgedessen bellen sie fast nie; ihr Lautrepertoire beschränkt sich auf das Heulen und auf ein gelegentliches Jaulen, das sie hören lassen, wenn sie in Panik geraten oder Schmerzen haben.

Der singende Spinone

Dieser italienische Spinone gehört meiner Assistentin und verbringt sehr viel Zeit in meiner Klinik, wo er zu heulen beginnt, wenn aus dem Radio ein trauriges Lied ertönt. Viele Hunde heulen zur Musik, weil ihnen das »Mitsingen« Spaß macht. Das Geheul ist kein Klagelaut: Wenn ihnen die Musik mißfiele, würden sie sich verziehen.

Oberlippe nach unten gezogen

Vorderlauf wird in entspannter Körperhaltung angewinkelt

Der Ruf der Wildnis

Das Heulen ist das wichtigste akustische Verständigungsmittel der Wölfe. Wölfe heulen, um anderen Rudelmitglieder ihren Standort mitzuteilen. Wenn die alleingelassenen Welpen in der Nacht »greinen«, reagieren die Alttiere des Rudels, wo immer sie auch sein mögen, darauf mit beruhigenden Heullauten.

Hast du »Futter« gesagt?

Aufgerichtete Ohren verbessern das Hören

Aufmerksame Zuhörer

Wie dieser Große Münsterländer (links) und dieser Dobermann neigen Hunde manchmal den Kopf, um sich intensiv auf ein Geräusch zu konzentrieren. Durch Veränderung der Ohrenstellung können sie eine Schallquelle in 0,06 Sekunden lokalisieren.

45

Geruchssinn

Weil der Geruchssinn der Hunde so ungemein hoch entwickelt ist, mutmaßen wir manchmal, sie besäßen einen unbekannten »sechsten Sinn«, mit dessen Hilfe sie Fährten verfolgen oder wieder heimfinden. In Wirklichkeit ist jedoch ihr Riechvermögen so hervorragend ausgebildet, daß der Hund manche Duftstoffe noch in einer millionenfach geringeren Konzentration wahrnehmen kann als der Mensch. Das erklärt sich mit einer speziellen Nasenkammer, in die der Hund die Luft einsaugt. Diese Luft wird beim Ausatmen nicht »ausgewaschen«, so daß sich die Duftmoleküle so lange ansammeln, bis für einen Geruchseindruck genügend vorhanden sind.

Du riechst, als hättest du etwas Interessantes gegessen.

Durch das Belecken seiner Nase steigert dieser Chow-Chow die Aufnahme von Duftmolekülen. Die Hundenase enthält mehr als 200 Millionen Riechzellen. Ausgespannt würde die Riechschleimhaut größer sein als die Körperoberfläche des Tiers.

Bodenwitterung

Der Yorkshire-Terrier beschnuppert den Boden, um die Duftbotschaften im Urin eines anderen Hundes aufzuspüren. Wie die Katzen, aber im Gegensatz zum Menschen, besitzen Hunde in der Nase das sogenannte Jacobsonsche Organ, das für die Erkennung geschlechtsspezifischer Gerüche zuständig ist.

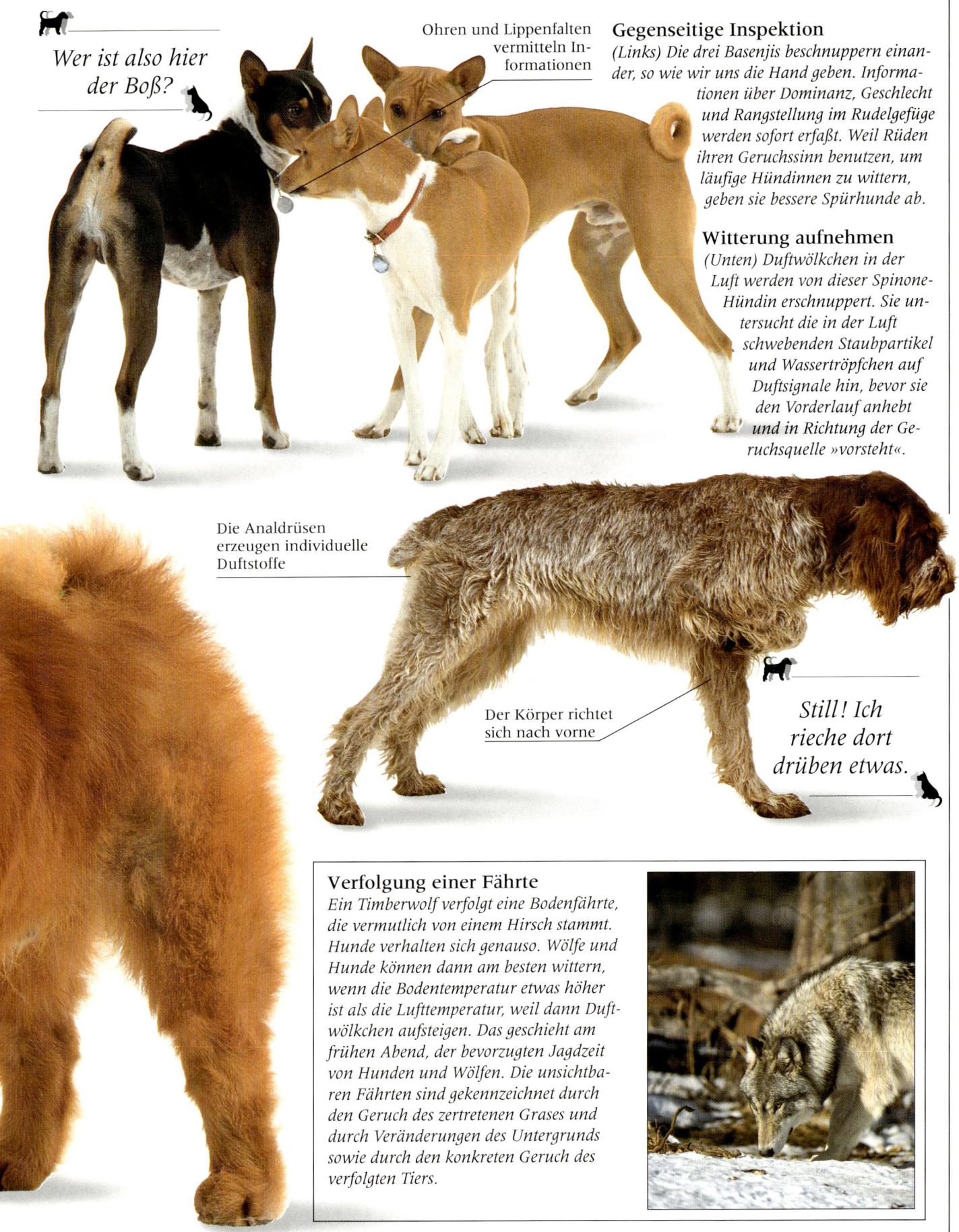

Wer ist also hier der Boß?

Ohren und Lippenfalten vermitteln Informationen

Gegenseitige Inspektion

(Links) Die drei Basenjis beschnuppern einander, so wie wir uns die Hand geben. Informationen über Dominanz, Geschlecht und Rangstellung im Rudelgefüge werden sofort erfaßt. Weil Rüden ihren Geruchssinn benutzen, um läufige Hündinnen zu wittern, geben sie bessere Spürhunde ab.

Witterung aufnehmen

(Unten) Duftwölkchen in der Luft werden von dieser Spinone-Hündin erschnuppert. Sie untersucht die in der Luft schwebenden Staubpartikel und Wassertröpfchen auf Duftsignale hin, bevor sie den Vorderlauf anhebt und in Richtung der Geruchsquelle »vorsteht«.

Die Analdrüsen erzeugen individuelle Duftstoffe

Der Körper richtet sich nach vorne

Still! Ich rieche dort drüben etwas.

Verfolgung einer Fährte

Ein Timberwolf verfolgt eine Bodenfährte, die vermutlich von einem Hirsch stammt. Hunde verhalten sich genauso. Wölfe und Hunde können dann am besten wittern, wenn die Bodentemperatur etwas höher ist als die Lufttemperatur, weil dann Duftwölkchen aufsteigen. Das geschieht am frühen Abend, der bevorzugten Jagdzeit von Hunden und Wölfen. Die unsichtbaren Fährten sind gekennzeichnet durch den Geruch des zertretenen Grases und durch Veränderungen des Untergrunds sowie durch den konkreten Geruch des verfolgten Tiers.

Tischmanieren

Im Unterschied zu anderen Raubtierarten, etwa Katzen, sind Hunde Allesfresser, die sich also nicht allein von Fleisch ernähren. Sie haben auf ihrer Zunge weit weniger Geschmacksknospen als wir und verzehren nahezu alles, was ihnen nahrhaft erscheint. Diese Bereitschaft, alles Genießbare zu probieren, ist verbunden mit einem empfindlichen Brechreflex, der es ihnen ermöglicht, ungenießbare oder gefährliche Futterstoffe wieder von sich zu geben. Große und mittelgroße Hunde schlingen ihre Nahrung hinunter. Langweile und zu reichliche Futtergaben können bei ihnen zu Gewichtsproblemen führen. Kleine Hunde haben sich nicht unter dem gleichen genetisch bedingten Druck entwickelt und sind deshalb beim Fressen gewöhnlich wählerischer. Hündinnen sind im Schnitt doppelt so mäkelig wie Rüden.

Hände weg!

(Unten) Um sein Futter vor einem Menschen zu schützen, so wie er es auch vor Rudelgefährten schützen würde, wendet sich dieser Springer-Spaniel unter drohendem Knurren gegen die sich nähernde Person – ein natürliches Verhalten, das wir als schlechtes Benehmen empfinden.

Ich zuerst, ich zuerst!

Gewerbsmäßige Bettler

Ihre Entwicklung vom Jäger zum Aasfresser und Bettler demonstrieren diese Basenjis, die sich auf die Hinterbeine stellen, um an den dargebotenen Happen heranzukommen. Hunden kann man beibringen, nahezu alles zu fressen.

Komm mir nicht zu nahe, bis ich fertig bin!

Der Kopf wird über den Napf gehalten, um diesen vor dem Zugriff zu schützen

Fester Stand zur Verteidigung des Futters

Der Hund schließt die Augen, wenn er sich konzentriert

Mmmm, das schmeckt!

Gras wird mit den Schneidezähnen abgebissen

Gründliches Kauen
Mit geschlossenen Augen konzentriert sich der Shar Pei auf den Kauvorgang. Hunde fressen in der Regel alles, was man ihnen vorsetzt, aber bestimmte Sachen schmecken ihnen besser als andere.

Pflanzliche Beilage
Gras ist ein wohlschmeckender Imbiß. Manche Hunde sind ausgesprochen wählerisch und haben eine Vorliebe für bestimmte Gräser oder Kräuter. Andere Hunde fressen nur dann Grünzeug, wenn sie sich den Magen verdorben haben.

Körper nach vorn gerichtet

Beim Aufschlabbern von Wasser wird die Zunge eingerollt

Aufschlabbern
Der Boxer taucht die Zunge ins Wasser und formt sie zu einer Schale, mit der die Flüssigkeit ins Maul befördert wird. Mit kostbaren Getränken, etwa Milch, gehen Hunde oft sehr sorgfältig um, so daß kein Tropfen verlorengeht, doch mit Wasser nehmen sie es nicht so genau.

49

Knabberlust

Als Nachfahren von Rudeltieren, die große Beute schlugen und verspeisten, macht es den Hunden nach wie vor Spaß, an großen Knochen herumzunagen. Ihre Zähne und Kiefermuskeln sind speziell für das Packen, Nagen und Zermalmen ausgebildet, und die Vorderpfoten werden sehr geschickt zum Hantieren und Festhalten von Knochen benutzt. Als Knochenersatz kauen Hunde gern auf ähnlichen Gegenständen herum, etwa Spielzeug, Lederkauknochen oder Stöcken.

Fester Griff
Mit großer Geschicklichkeit fixiert dieser Basenji einen Knochen zwischen seinen Vorderpfoten. Er neigt den Kopf, damit er den Leckerbissen mit den großen Backenzähnen besser bearbeiten kann.

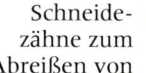

Das ist ein Hochgenuß.

Schneidezähne zum Abreißen von Fleischfetzen

Fangzähne zum Packen und Durchbeißen

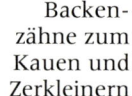

Backenzähne zum Kauen und Zerkleinern

Perfektes Gebiß
Dieser Bullterrier zeigt sein Gebiß, wie es für Raubtiere lebensnotwendig ist. Seine Schnauze ist lang ausgezogen und bietet somit ausreichend Platz für Zähne unterschiedlicher Größe und Funktion.

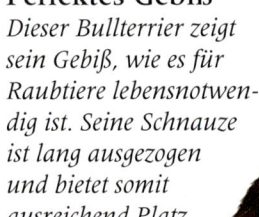

Die Vorderpfoten halten die Knabberstange fest

Früh übt sich …
Obwohl dieser Boston-Terrier erst wenige Monate alt ist, kaut er begeistert auf der Knabberstange herum. Knabbern ist ein Instinktverhalten bei allen Hunden.

Die aufgerichtete Rute
verrät Wohlbehagen

Auf der Hut

*Dieser Hund hat die Vorderhand auf den
Boden gelegt, damit er seinen Kauknochen leichter benagen kann. Seine
Hinterpartie hebt er an für den Fall,
daß er eine rasche Bewegung machen
muß, um seine Beute zu verteidigen.*

*Ich muß schnell
eingreifen
können.*

Bis zum letzten Bissen

*Der an einem Knochen nagende
Timberwolf demonstriert seine
Geschicklichkeit und seine kräfti-
gen Kiefermuskeln, die unsere
Haushunde geerbt haben. Wölfe
nagen alles Fleisch von einem
Knochen ab, dann brechen sie ihn
auf und verzehren das Mark. Durch das
Nagen und Knabbern halten sie ihre Zähne,
ihre wichtigsten Waffen, in gutem Zustand.*

Eine natürliche Zahnbürste

*(Unten) Der Golden Retriever hält einen
Kauknochen zwischen den Vorderpfoten
und nagt an ihm herum. Das Beknabbern
harter Gegenstände reinigt die Zähne und
ist notwendig für die Gesund-
erhaltung von Gebiß
und Zahnfleisch.*

*Das mach' ich
schon seit
Jahren.*

Eine Pfote drückt den Kauknochen fest auf die andere

Schatzsuche

Die Angewohnheit, Nahrung als Reserve für Notzeiten einzulagern, hat der Hund von den Wölfen geerbt. Auch gutgenährte, völlig domestizierte Hunde vergraben Knochen und buddeln sie später wieder aus. Sind keine Knochen vorhanden, vergraben die Hunde auch andere Futtergaben, und wenn sie für ihre Grabtätigkeit keine Erde vorfinden, versuchen sie ihr Glück manchmal sogar auf einem Teppich. Hunde sind tüchtige »Erdarbeiter« und graben auch gerne, um kleine Tiere, die sich im Boden versteckt haben, hervorzuscheuchen, um unter einem Zaun zu entkommen oder um einen kühlen Liegeplatz freizulegen.

Ich rieche etwas.

Der Hund gräbt zunächst mit einer Pfote

Da unten ist etwas.

Der Gesichtsausdruck verrät starke Konzentration

1 Geruch markiert die Fundstelle

Obwohl diese Hündin ihren Knochen vor mehr als einem Monat vergraben hat, findet sie die Stelle mit der Nase wieder. Der Geruch des Knochens steigt durch den Boden auf.

2 Es wird »wärmer«

Der Knochengeruch verstärkt sich, je länger die Hündin gräbt, die sich immer mehr konzentriert. Einige Rassen, zum Beispiel kleine Terrier, werden als sogenannte Erdhunde eingesetzt, die Füchse, Dachse oder Kaninchen aus dem Bau graben oder scheuchen.

Das Mark wird aus dem Knochen geleckt

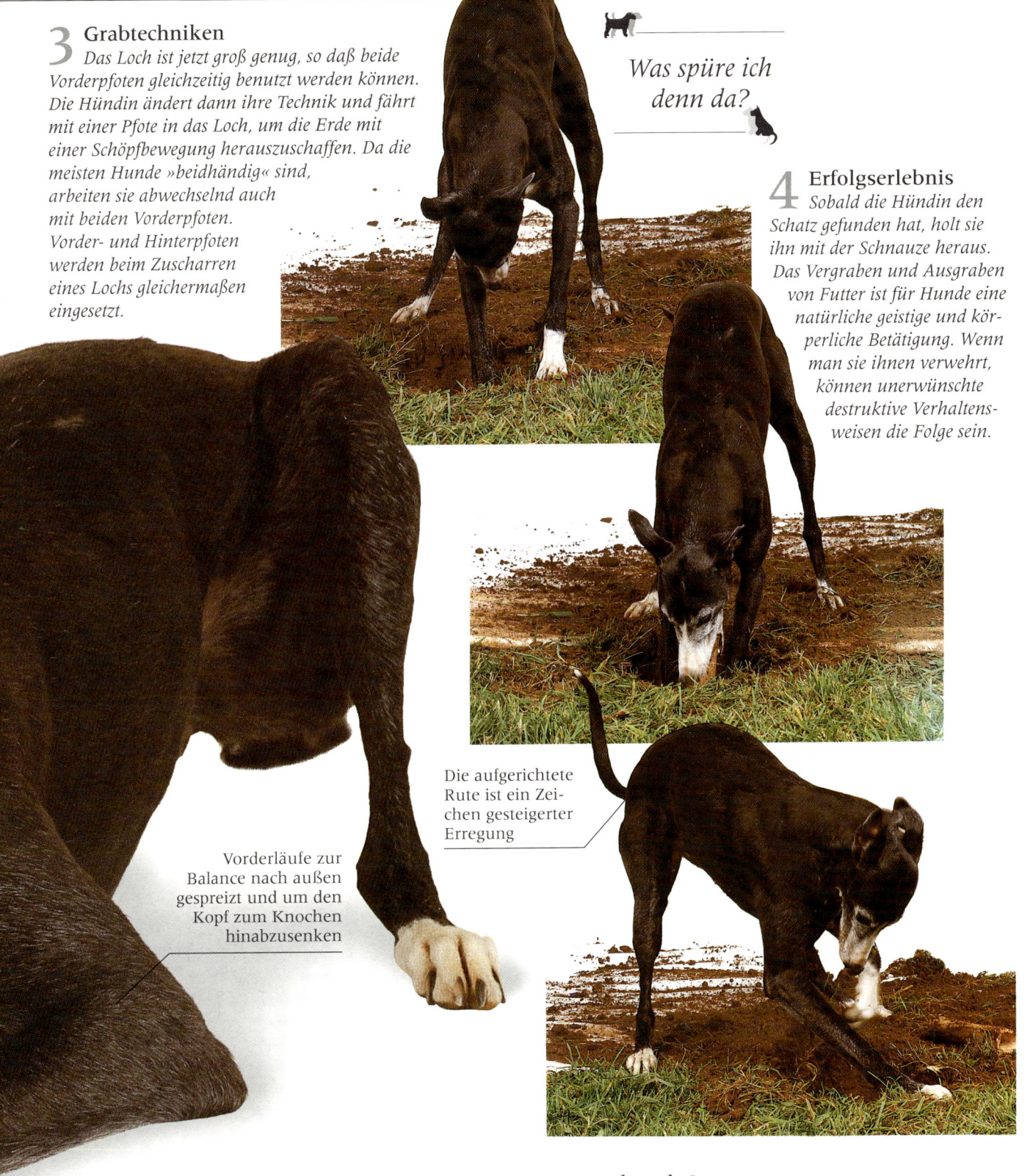

3 Grabtechniken

Das Loch ist jetzt groß genug, so daß beide Vorderpfoten gleichzeitig benutzt werden können. Die Hündin ändert dann ihre Technik und fährt mit einer Pfote in das Loch, um die Erde mit einer Schöpfbewegung herauszuschaffen. Da die meisten Hunde »beidhändig« sind, arbeiten sie abwechselnd auch mit beiden Vorderpfoten. Vorder- und Hinterpfoten werden beim Zuscharren eines Lochs gleichermaßen eingesetzt.

Was spüre ich denn da?

4 Erfolgserlebnis

Sobald die Hündin den Schatz gefunden hat, holt sie ihn mit der Schnauze heraus. Das Vergraben und Ausgraben von Futter ist für Hunde eine natürliche geistige und körperliche Betätigung. Wenn man sie ihnen verwehrt, können unerwünschte destruktive Verhaltensweisen die Folge sein.

Die aufgerichtete Rute ist ein Zeichen gesteigerter Erregung

Vorderläufe zur Balance nach außen gespreizt und um den Kopf zum Knochen hinabzusenken

6 Genußvolle Mahlzeit

Nachdem die Hündin ihren Schatz geborgen hat, beginnt sie behaglich zu nagen. Hunde beknabbern mit Freude auch die schmutzigsten Fundstücke, doch in diesem Fall hat der penible Halter den Knochen gesäubert. Das Loch im Boden bleibt. Es wird nur dann aufgefüllt, wenn die Hündin den Knochen nach dem Mahl wieder vergräbt.

5 Noch mehr?

Selbst nach der Entdeckung des Fundes ist der Grabtrieb der Hündin noch so stark, daß sie weiterhin im Loch herumscharrt. Der aus dem Boden aufsteigende Geruch ist jetzt am intensivsten, und sie prüft nach, ob nicht noch mehr Futter vergraben ist.

Wälzen

Viele Säugetiere wälzen sich gern auf den Rücken, wenn sie sich scheuern oder weil es ihnen einfach Spaß macht. Hunde zeigen dieses Verhalten, wenn sie sich wohl und unbedroht fühlen. Am liebsten wälzt sich Ihr Hund, nachdem er im Regen oder beim Schwimmen naß geworden ist. Manche Hunde bevorzugen dabei Sandboden oder trockene Erde. Das Wälzen aus Vergnügen oder Sauberkeitsbedürfnis ist völlig verschieden vom Wälzen in übelriechenden Stoffen. Warum sich Hunde gern in Kot wälzen, ist nicht eindeutig geklärt; wahrscheinlich wollen sie dadurch, wie die Wölfe, ihren Eigengeruch kaschieren.

Wälzen vor Vergnügen
(Unten) Der Chow-Chow wälzt sich lustvoll auf den Rücken und rudert mit den Beinen in der Luft herum. Gleichzeitig hebt und senkt er seinen Rücken und wirft den Kopf hin und her.

Es ist eine Lust zu leben!

1 Duftwahrnehmung
(Oben) Der Spinone stößt auf den Kot eines fremden Tiers und bleibt stehen, um den Geruch in die Nase einzuziehen. Das ist das erste Anzeichen, daß er sich gleich an dieser Stelle wälzen wird.

Die Fuchsexkremente werden beschnuppert

Beinestrampeln vor Vergnügen

Wälzen in Duftstoffen

Genauso wie sich Ihr Hund gern im Dreck wälzt, den wir als übelriechend empfinden, wälzt dieser Timberwolf seinen Vorderkörper auf einer stinkenden Unterlage, etwa einem verwesenden Kadaver. Viele Beutegreifer hüllen sich in Fremdgerüche ein, sehr wahrscheinlich um ihren Eigengeruch vor den Beutetieren zu kaschieren. Diese Beutetiere haben eine feine Nase und werden durch den Duft von Kot oder Aas weniger beunruhigt als durch den Körpergeruch von Wölfen, in dem sie sofort den eines Raubtiers erkennen.

Das duftet wie ein guter Tarngeruch.

2 Einreiben der Schulter

(Links) Statt sich genießerisch auf den Boden zu werfen, drückt der Spinone zunächst eine Schulter auf den stinkenden Kothaufen und reibt sich damit ein. Manche Hunde wälzen sich zuerst ausgiebig, stehen dann auf und beschnuppern den Duftstoff noch einmal, bevor sie sich zum zweitenmal in ihm wälzen.

Mit abgewandtem Kopf wird der Duft ins Gesicht eingerieben

3 Gleichmäßige Duftverteilung

(Rechts) Nachdem eine Schulter mit dem starken Duft imprägniert ist, legt sich der Hund mit der anderen Schulter auf den Kothaufen, um den Geruch symmetrisch auf beide Körperseiten zu verteilen. Nach diesem stereotypen Verhaltensablauf wird er sich vermutlich genußvoll wälzen.

Nacken und Ohren werden mit dem Duftstoff eingerieben

In halb stehender Haltung kann der Hund seine Schultern sorgfältig einreiben

Körperpflege

Hunde belecken, kratzen und schütteln sich, um sich sauberzuhalten. Gelegentlich betreiben sie auch gegenseitige Körperpflege. Das Schütteln ist die einfachste und häufigste Fellpflegehandlung Ihres Hundes. Nachdem er geruht hat, angefaßt wurde oder naß geworden ist, schüttelt er sein Haarkleid oft heftig zurecht. Außerdem beleckt er sein Fell und zupft alle Fremdkörper ab, die sich im Haar verfangen haben. Manche Hunde pflegen auch ihre Krallen, indem sie sie beknabbern, und benutzen ihre Afterzehen (verkümmerte »Daumen« an der Innenseite der Beine) zur Reinigung der Ohren. Körperöffnungen werden peinlich saubergeleckt, vor allem wenn sie Flüssigkeiten ausscheiden.

Ich mag kein nasses Fell.

Trockenschleudern
Nach dem Bad schüttelt der junge Bouvier des Flandres sehr energisch das Wasser aus seinem Fell. Täte er das nicht, würde das Wasser schließlich die fast wasserdichte Unterwolle durchdringen.

Das Wasser wird aus dem Fell geschleudert

Aufmerksam gespitzte Ohren

Das Ohrenschmalz wird beleckt

Ich möchte wissen, wie du schmeckst.

Gegenseitige Körperpflege
Der Akita-Inu-Rüde beleckt das Ohr und andere Kopfpartien der jungen Cockerhündin. Das Lecken ist in der Regel ein Bestandteil des Mutterverhaltens, doch die hier gezeigte Form der Körperpflege ist eindeutig sexuell getönt.

Schüttelvorgang

Nach dem Aufwachen schüttelt sich der Weimaraner heftig. Er beginnt mit dem Kopf und erzeugt eine Schüttelwelle, die über den ganzen Rumpf läuft und mit einem Schwanzwirbel endet.

Ich muß mich feinmachen.

Die Oberlippe wird beim Schütteln nach oben gestülpt

Breitbeiniges Stehen sorgt für die nötige Balance

Blitzsauber

Die biegsame Wirbelsäule ermöglicht es selbst einem großen, schweren Tier wie dieser Rhodesian-Ridgeback-Hündin, mit der Schnauze das Hinterteil zu erreichen und die Geschlechtsgegend sauberzulecken.

Die Analregion wird durch Belecken saubergehalten

Ahhh ... das ist die richtige Stelle.

Die Ohren werden durch Kratzen gepflegt

Hautstimulierung

(Links) Das Kratzen ist, wie bei diesem Basset, eine natürliche Methode zur Stimulierung der Talgdrüsen in der Haut. Übertriebenes Kratzen deutet auf eine Hautreizung hin.

Schlafen und Dösen

Weil Hunde ihre Aktivitätszeiten mit dem Lebensrhythmus des Menschen koordinieren, wird Ihr Hund wohl auch schlafen, wenn Sie schlafen. Hunde haben jedoch ein größeres Schlafbedürfnis als wir und machen deshalb auch tagsüber zwischendurch ein Nickerchen; die Hälfte des Tages ruhen sie mit geschlossenen Augen. Diese zusätzlichen Ruhepausen werden eingelegt, wenn sich der Rudelführer ausruht. Die Schlafzeit besteht größtenteils aus Leichtschlafphasen, aus denen der Hund leicht erwacht. Der Tiefschlaf macht 20 Prozent aus; in dieser Zeit träumen die Hunde auch.

Abkühlung

Indem der Malteser seine Hinterläufe von sich streckt, kommt möglichst viel von seiner Körperoberfläche mit dem kühlen Untergrund in Berührung. Dieses Verhalten ist typisch für Welpen, wird aber zuweilen beibehalten.

Lange Haare verschleiern oft den Gesichtsausdruck

Ich bin hundemüde!

Ohren sind entspannt

Die Zunge wird beim Gähnen eingerollt

Tierisches Wohlbehagen

Die Rhodesian-Ridgeback-Hündin hat sich auf dem gemütlichsten Platz, den sie finden konnte, zusammengerollt. Hunde gähnen, wenn sie völlig entspannt sind, vor allem kurz bevor sie die Augen zumachen; aber das Gähnen kann auch ein Zeichen von Nervosität und Unbehagen sein.

So ist es gemütlich.

Schlafende Hunde soll man nicht wecken

(Rechts) Wie dieser Yorkshire-Terrier, der neben seinem Herrn eingeschlafen ist, lehnen sich die meisten Hunde im Schlaf gern an einen Gegenstand an, der ihren Rücken schützt. Dominante Hunde meiden jedoch den Körperkontakt beim Schlafen. Sie liegen lieber frei.

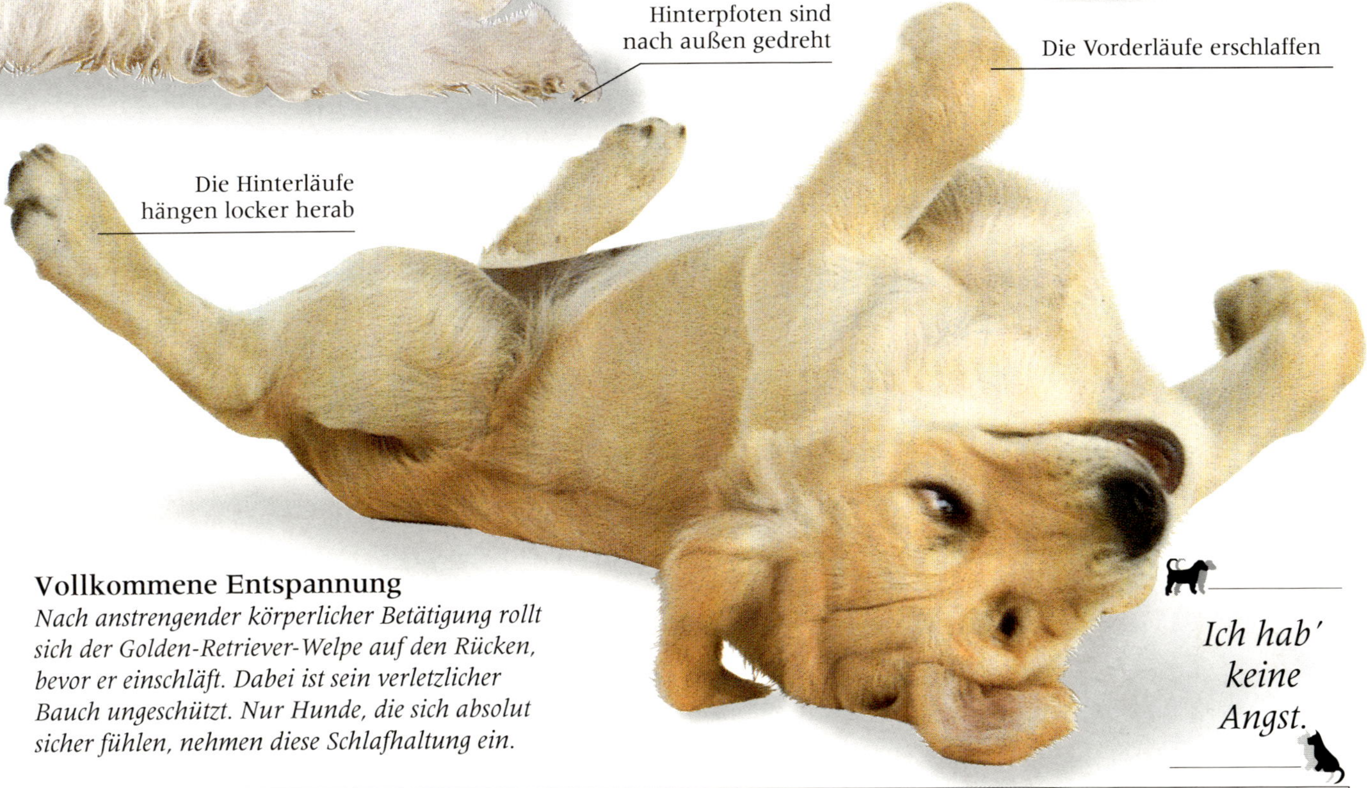

Hinterpfoten sind nach außen gedreht

Die Vorderläufe erschlaffen

Die Hinterläufe hängen locker herab

Vollkommene Entspannung

Nach anstrengender körperlicher Betätigung rollt sich der Golden-Retriever-Welpe auf den Rücken, bevor er einschläft. Dabei ist sein verletzlicher Bauch ungeschützt. Nur Hunde, die sich absolut sicher fühlen, nehmen diese Schlafhaltung ein.

Ich hab' keine Angst.

Einsamer Wolf

Ohne Angst streckt sich der Anführer eines Wolfsrudels in der Sonne aus, um allein zu schlafen. Gewöhnlich dreht er sich vorher mehrmals im Kreis, um den Ruheplatz einzuebnen. Wenn er in einen tiefen Traumschlaf sinkt, kommt es vor, daß er mit den Läufen rudert, mit den Tasthaaren zuckt und die Augenlider bewegt. Selbst im Schlaf kann er mit den Kiefern mahlen und Laute von sich geben – genauso wie Ihr Hund, wenn er tief schläft.

59

Fortbewegung

Hunde sind ausdauernde Tiere und können eine lange Zeit hintereinander aktiv sein. Wenn sie frei umherstreifen dürfen, bewegen sie sich vielfach nicht im einfachen Schreitgang, sondern im Trab oder leichten Galopp fort. Der Sprunggalopp ist dagegen den kurzen Tempoausbrüchen vorbehalten, zu denen es kommt, wenn der Hund jagt, spielt oder überschüssige Energie abbauen will. Fast alle Rassen besitzen eine elastische Wirbelsäule, die ihnen eine große Beweglichkeit verleiht, doch nur kräftig bemuskelte, langbeinige Formen wie der Greyhound sind elegante Renner. Andere wirken dann eher schwerfällig.

Niederlaufhund
Weil der Basset ein echter Zwerg mit einem normal großen Körper, aber kurzen Beinen ist, wirkt er plump, wenn er galoppiert. Trotzdem ist er noch immer schneller als die allermeisten Menschen.

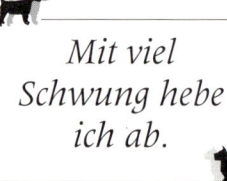

Mit viel Schwung hebe ich ab.

Richtungswechsel
Ein Afghane ändert im Lauf abrupt die Richtung. Diese Leichtfüßigkeit haben die Hunde erworben, um den Zickzackbewegungen ihrer natürlichen Beutetiere, etwa der Kaninchen, folgen zu können.

Vorderläufe hängen entspannt herab

Die Füße setzen eng zusammen auf

Kraftanstrengung
Mit der Anmut eines Balletttänzers hebt der Drahthaar-Foxterrier mit Hilfe seiner kräftigen Hinterhandmuskeln vom Boden ab. Manche Hunde können dreimal so hoch springen wie ihre eigene Körperhöhe (s.S. 62/63).

Balancekunststück
Ein Timberwolf demonstriert sein natürliches Gleichgewichtsgefühl, das alle Hunde geerbt haben. Er kann sich eine Zeitlang auf die Hinterbeine stellen, um zu wittern oder um an einen Gegenstand heranzukommen, der ihn interessiert. Auf festem Untergrund sind Wölfe wie Hunde passable Kletterer, doch im allgemeinen überwinden sie Hindernisse nicht mit echten Kletterbewegungen, sondern auf allen vieren kriechend.

Slalomlauf

Die Geschmeidigkeit seines Rückens beweist dieser Tervueren (Belgischer Schäferhund) beim Durchgang durch ein enges Hindernis. Diese Beweglichkeit beruht unter anderem darauf, daß den Hunden ein Pendant zum Schlüsselbein fehlt. Deshalb sind die Gelenke zwischen den Vorderläufen und dem Rumpf extrem flexibel.

Kunststück!

Ohne große Anleitung können alle Hunde so geschickte Fangkünstler werden wie dieser Whippet. Schnelle Reaktionen, kräftige Hinterläufe und ein gutes Auge sind die Voraussetzung für solche Behendigkeit.

Die lockere Schulterpartie macht es möglich, daß die Pfoten dicht nebeneinander aufsetzen

Der Körper wird voll gestreckt

Die Flexibilität erhöht die Trittsicherheit

Das ist für mich ein Kinderspiel.

61

Springen

Die meisten Hunde sind erstaunlich gute Springer. Abgesehen von den ganz schweren und kurzläufigen Rassen, können sie ein Mehrfaches ihrer Körperhöhe überspringen. Hunde springen spontan, wenn sie auf ein Hindernis stoßen, etwa einen Graben oder einen Zaun. Wenn sie mehr Zeit haben, schauen sie sich das Hindernis an und nehmen einen Anlauf, bevor sie darüber hinwegsetzen. Fast alle Hunde möchten gern springen, doch für manche kann das gefährlich sein. Sehr großwüchsige Tiere können innere Verletzungen davontragen, wenn sie zu schwer aufsetzen, und bei übergewichtigen Hunden kann es zu Bänderrissen in den Hinterbeinen kommen.

2 In der Luft
Sobald der Hund in der Luft schwebt, zieht er die Hinterläufe an. Die ganze Zeit über bleiben seine Augen auf das Zielobjekt ausgerichtet. Wenn er sich zu stark auf den Sprung konzentriert, kann er sein Ziel verfehlen.

Vorderbeine werden eng an den Körper angelegt

1 Alles klar zum Abheben
Mit Hilfe seiner kraftvollen Hinterhandmuskeln schnellt sich der Rottweiler vom Boden ab. Gleichzeitig zieht er die Vorderläufe ein, um sie vor Verletzungen zu schützen, und so entsteht eine aerodynamisch ideale Form.

Die Pfoten werden zur Landung abgestreckt

Das ist eine gute, sanfte Landung!

Die Pfoten heben ab, sobald der Körper voll gestreckt ist

Der Blickkontakt bleibt erhalten

Die Rute wird zum Balancieren eingerollt

Ich behalte mein Ziel im Auge.

3 Auf dem Gipfelpunkt

Sobald der Hund die vorgesehene Sprunghöhe erreicht hat, zieht er die Hinterläufe weiter an, während er die Vordergliedmaßen auszustrecken beginnt.

4 Landeanflug

Der Hund setzt jetzt seine Rute stärker ein, indem er sie zum Balancieren nach vorn einrollt. Seine ganze Aufmerksamkeit richtet er weiterhin auf sein Ziel.

Die Beine werden fast gerade vorgestreckt

Die Schultern fangen den Aufprall bei der Landung auf

Die Vorderbeine setzen sicher auf

6 Wieder auf der Erde

Sobald die Vorderläufe sicher aufgesetzt haben, zieht der Hund die Hinterläufe so weit wie möglich nach vorne. So gewinnt er einen maximalen Vortrieb, wenn er weiterläuft.

5 Ansetzen zur Landung

Die Vordergliedmaßen werden zur Landung mit flachen Pfoten nach unten vorgestreckt. Die Hinterläufe sind wieder voll abgestreckt, nachdem sie zur Vermeidung von Verletzungen angehoben wurden.

Die Pfoten greifen zum Landen weit aus

Bei uns zu Hause

Spielerisches Lernen
Der Golden Retriever, der sich auf die erwartete Belohnung konzentriert, befolgt den Befehl »Sitz!« Sowohl die Hunde als auch ihre Besitzer profitieren von solchen einfachen Spielen.

Komfortverhalten
Hunde sind soziale Lebewesen mit einem ausgeprägten Komfortverhalten. Sie fühlen sich am wohlsten, wenn ihr »Rudel« beisammen ist.

Hunde fügen sich leicht in unser Dasein ein, weil ihr Lebensrhythmus dem unseren ähnelt. Sie schlafen, wenn wir schlafen, sie sind aktiv, wenn wir aktiv sind, und sie wissen auf die Minute, wann es für sie und für uns etwas zu essen gibt. Dennoch kann es Probleme geben. Manche Hunde versuchen ihre zweibeinigen Gefährten zu dominieren. Wenn Rüden ihren Geschlechtstrieb nicht auf natürliche Weise ausleben können, betrachten sie oftmals Beine oder Sofakissen als Ersatzobjekte. Durch Kastration lassen sich manche Untugenden ohne nachhaltige Wesensveränderung abstellen, nicht aber alle unerwünschten Verhaltensweisen.

Da Sie der Rudelführer sind, erwartet Ihr Hund von Ihnen Beachtung und Zuwendung. Sie füttern ihn, bürsten ihn, geben ihm ein Zuhause, spielen mit ihm und beschützen ihn. Umgekehrt ist sein ganzes Verhalten auf Sie bezogen.

Manieren lernen
Bei der Begegnung mit einer Katze möchte der Collie eine Hetzjagd veranstalten. Hunde müssen lernen, einige Triebe zu unterdrücken.

Anpassungs-
fähige Freunde

Die für die Arbeit im Freien gezüchteten Huskys passen sich dem Leben im Haus genauso bereitwillig an wie andere Hunde. Diese Flexibilität des Verhaltens ist der Grund dafür, daß sich Hunde so erfolgreich in unser Leben integriert haben.

Weil wir die »Leittiere« sind, können wir unseren Hausgenossen etwas beibringen: Sie lernen, wie man eine Herde hütet, wie man auf Kommando Aggressivität zeigt oder unterdrückt – aber wir bringen ihnen nur einen Teil dessen bei, was sie wissen. Ihr ganzes Leben lang beobachten Hunde ihre Umwelt und lernen Neues hinzu, und daran orientiert sich ihr Handeln. Manche Hunde werden eifersüchtig, wenn ihr Rudelchef einem anderen Hund oder auch einem anderen Menschen seine Zuneigung zeigt. Andere hüten eifersüchtig ihr Futter oder Spielzeug und bedrohen nicht nur andere Hunde, sondern auch die Mitglieder ihrer Menschenfamilie, wenn sie ihnen zu nahe kommen. Viele alternde Hunde werden immer abhängiger von ihren Besitzern. Die Routine wird für sie zu einem Selbstzweck, und jede Veränderung irritiert sie.

Das Mienenspiel des Hundes hat Ähnlichkeit mit dem des Menschen, und so können wir mühelos erkennen, wenn er glücklich oder traurig, gelangweilt oder aufmerksam ist – doch seine Handlungen deuten wir zuweilen falsch. Hunde können sich destruktiv gebärden, wenn sie erregt, gereizt oder bekümmert sind. Wir halten dieses Verhalten gern für böswillig, aber in Wahrheit ist es gewöhnlich einfach ein Ausdruck der Angst. Damit sich unsere Hunde wohl fühlen, müssen wir und sie begreifen, welche Rolle ihnen in unserem häuslichen Leben zukommt.

Höchste Wonne

Dieser weibliche Brittany-Spaniel, eine amerikanische Züchtung, rollt sich zum Zeichen seiner Unterwerfung auf den Rücken und exponiert dabei den Bauch. Dafür wird die Hündin belohnt durch das große Vergnügen, das ihr das Kraulen der Brust bereitet.

Das Zuhause des Hundes

Dank ihrer ungewöhnlichen Fähigkeit, sich an sehr unterschiedliche Bedingungen anzupassen, haben die meisten Hunde keine Schwierigkeiten, sich mit einem Leben abzufinden, das sich hauptsächlich innerhalb des Hauses abspielt. Als gesellige Tiere suchen sie unsere Gesellschaft und ordnen sie sich unserer Alltagsroutine unter. Das Haus ist ihr Territorium, die Menschenfamilie ihr Rudel. Hunde behalten auch im Haus nahezu alle natürlichen Verhaltensweisen bei; sie betätigen sich körperlich, untersuchen alle möglichen Gegenstände und benehmen sich wie ein Mitglied des Rudels. Sie sind eingefleischte »Lustgewinnler«, die eine möglichst bequeme Lebensform anstreben und manchmal energisch verteidigen.

Ich vertraue dir; du beschützt mich.

Begrüßung
Sobald der Cocker-Spaniel sieht, daß sich sein Rudelchef hinsetzt, geht er zu ihm, stellt sich auf die Hinterbeine und anerkennt die Überlegenheit seines Besitzers, indem er zu ihm aufblickt.

Bequemer Stand auf den Hinterläufen

Bewegungsfreiheit
(Links) Als Heimtiere haben die meisten Hunde nicht die Freiheit, nach Belieben ein- und auszugehen. Sie leben gleichsam in einem Luxusgefängnis. Dieser Yorkshire-Terrier, der ein Katzentürchen als seine private Haustür betrachtet, kann selbs entscheiden, wann er sich drinnen oder draußen aufhalten will.

Im Sitzen ist der Blickkontakt zwischen Herr und Hund enger

Entspannter Gesichtsausdruck

Die Ohren sind ent-
spannt zurückelegt

Tägliche Routine
(Links) Der als Apportier-
hund gezüchtete Golden Retriever befriedigt seinen
»Bringtrieb« im Haus, in-
dem er jeden Morgen die
Post holt. Manche Hunde
verfahren, was weniger angenehm ist, genauso mit unseren persönlichen Sachen.

Rute wird als
»Balancier-
stange«
aufgerichtet

*Es gehört
sich, daß ich
die Sachen
bringe.*

Heimsport
(Rechts) Da der Cocker nicht
genügend Auslauf hat, um
sich auszutoben, muß er
seine Energie im Haus ab-
bauen. Ein Hund kann Un-
heil anrichten, wenn er sich
körperlich nicht ausreichend
betätigen kann.

*Wenn du näher
kommst, werde
ich böse.*

Familienstreit
Wenn dieser kleine
Terrier aufgefordert
wird, das Bett zu verlas-
sen, das er als seinen
persönlichen Bereich
betrachtet, fletscht er die
Zähne und bedroht
seinen Besitzer.

Drohstarren
als Domi-
nanzsignal

Aasfressen

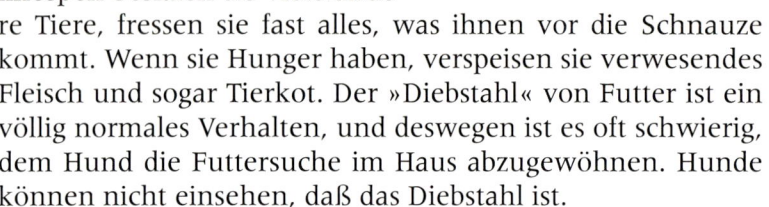

Ihr Hund nimmt wahrscheinlich Nahrung auf, wo und wann er sie auch immer findet. Eine Vorliebe haben Hunde für Aas und Abfälle, denn damit können sie ihren Jagd- und Nahrungssuchtrieb befriedigen und zugleich ihren Hunger und Durst stillen. Weil sie weniger Geschmacksknospen besitzen als viele andere Tiere, fressen sie fast alles, was ihnen vor die Schnauze kommt. Wenn sie Hunger haben, verspeisen sie verwesendes Fleisch und sogar Tierkot. Der »Diebstahl« von Futter ist ein völlig normales Verhalten, und deswegen ist es oft schwierig, dem Hund die Futtersuche im Haus abzugewöhnen. Hunde können nicht einsehen, daß das Diebstahl ist.

Trinkerprobleme

(Links) Nachdem sich der Weimaraner vergewissert hat, daß niemand in der Nähe ist, schlabbert er den Tee aus einem Becher auf, der auf dem Boden stehen geblieben ist. Die meisten Hunde probieren gern alles, was ihnen genießbar erscheint.

Mal sehen, ob etwas Leckeres drin ist.

Der Hund steckt den Kopf in die Tüte, um sie gründlich zu inspizieren

Verlockende Einkaufstüte

Die Entdeckung einer unbeaufsichtigten Einkaufstüte ist für den Cocker-Spaniel eine Chance, seinen Jagd- und Freßtrieb zu befriedigen. Viele Hunde verzehren alles Genießbare, was sie finden; das ist die Erklärung dafür, daß etwa 30 Prozent aller Hunde Übergewicht haben.

Er wedelt vor Aufregung mit der Rute (deren Kupation wird heute weitgehend abgelehnt)

Abfallbeseitigung

Zwei Timberwölfe sind auf einen verwesenden Kadaver gestoßen und verleiben sich alles verfügbare Fleisch ein. Obwohl Wölfe in erster Linie Beutejäger sind, vertilgen sie auch Aas, wenn sie hungrig sind. Durch die jahrhundertelange Auslesezucht haben wir zwar den Jagdtrieb des Hundes mit Erfolg abgeschwächt, aber gleichzeitig seinen Hang zum Aasfressen verstärkt. In manchen Weltgegenden ist dies einer der Gründe, warum Hunde geduldet werden. Dank ihrem robusten Magen und ihrer Freßlust geben sie ideale Aas- und Abfallbeseitiger ab.

Rat' mal, wer zum Essen kommt!

Ein langes Fell kann die Körpersprache verhüllen

Ungebetener Gast

Da man dieser Briardhündin das aus menschlicher Sicht unerwünschte Verhalten nicht abgewöhnt hat, bedient sie sich ganz selbstverständlich – und ganz unschuldig – am Eßtisch, auf dem sie einen vollen Teller entdeckt hat.

Erste Begegnungen

Hunde lieben Gesellschaft. Da wir gleich nach ihrer Geburt in ihr Leben treten, gewinnen sie die Überzeugung, daß Menschen freundliche Gefährten sind. Die gleiche Methode kann man anwenden, um irgendeine andere Tierart in das Hundeleben zu integrieren. Das gelingt am besten, wenn der Hund noch keine 12 Wochen alt ist. Nach diesem Alter muß man mehr Mühe aufwenden, um sicherzugehen, daß weder sein natürlicher Raubtierinstinkt noch seine Angst vor fremden Tieren geweckt wird.

Hütetrieb

Gebrauchshunde wie diese Australischen Schäferhunde versuchen automatisch, Nutztierherden wie diese Ziegen einzukreisen und zusammenzutreiben. Dieser Hütetrieb ist nichts anderes als der durch den Menschen modifizierte Jagdtrieb der Hunde.

Der Blickkontakt wird aufrechterhalten

Die nach vorn gerichteten Ohren verraten starkes Interesse

Du siehst aus wie meine Wurfgeschwister.

Frühe Begegnung

Ein Welpe inspiziert ein Kätzchen, das ihm selbstbewußt entgegentritt. Wenn ein Welpe in diesem Alter mit Katzen zusammenkommt, ist die Wahrscheinlichkeit geringer, daß er sie später jagt.

Der Welpe beginnt die Vorderpfote anzuheben, um sie vor der Katze zurückzuziehen

Größeneinschätzung

Mit einigem Bangen setzt sich der Weimaraner und starrt zu dem Pferd empor. Bei der Konfrontation mit einem so großen Tier kann Angst ausgelöst werden – mit unvorsehbaren Folgen. Solche Begegnungen sollten stets unter Aufsicht erfolgen.

Du bist aber groooß!

Ohren hängen herab – eine Unterwerfungsgeste

Der Hund sitzt, um besser zum Pferd emporschauen zu können

So einen Hund habe ich noch nie gesehen.

Der Hund starrt die Ratte intensiv an

Der Hund untersucht den Geruch der Schildkröte

Gefährlicher Augenblick

Der Anblick der zahmen Ratte erregt das Interesse des Shar-Pei. Der Hund begnügt sich vielleicht mit dem Zuschauen, aber er kann auch mit aufgerissenem Maul zupacken. Man muß sehr vorsichtig vorgehen, wenn man einen Hund mit kleinen Heimtieren zusammenbringt.

Immer hinterher!

Der Yorkshire-Terrier verfolgt die Schildkröte, die auf dem Boden umherkriecht. Diese überaus neugierige Hündin muß alles untersuchen, was sich bewegt.

Notwendige Beachtung

Weil Hunde so gesellig sind und weil sie uns als ihre Rudelführer betrachten, wollen sie unbedingt von uns beachtet werden. Eine Berührung wirkt auf sie, genauso wie auf uns, beruhigend und besänftigend. Wenn Sie Ihren Hund streicheln, senken sich sein Blutdruck, seine Herzschlagrate und seine Hauttemperatur. Auch seine Erregbarkeit wird abgebaut. »Untertänige« Hunde verlangen die meiste Zuwendung, aber auch dominante, aggressive Tiere wollen von ihrem starken zweibeinigen Leittier beachtet werden.

Nimm mich hoch, ich hab' Kummer!

Das Bein wird so hoch wie möglich angehoben

Sanfte Berührung
Der Weimaraner hebt eine Vorderpfote, um seinen Besitzer anzustupsen, damit dieser ihn beachtet. Hunden kann man aufgrund dieser angeborenen Geste das »Pfötchengeben« beibringen.

He, schau doch, ich bin hier!

Seelische Erpressung
Dieser Chihuahua richtet sich auf und kratzt am Bein seines Herrn, um seine Aufmerksamkeit zu erregen. Obwohl dies eine Unterwerfungsgebärde ist, setzen solche kleinen Hunde oft ihren Willen durch und zwingen ihren Besitzer, sie auf den Arm zu nehmen.

Der Kopf wird zum Bellen oder Heulen angehoben

Doppelte Forderung
Während die Hundebesitzerin liest, blafft einer der beiden Golden Retriever, damit sie ihn beachtet. Der andere schiebt sich so nah wie möglich an sie heran, in der Hoffnung auf eine Streicheleinheit.

Wange an Wange
Um Zuwendung bittend, versucht der Gordon-Setter sein Gesicht an das seiner Besitzerin zu legen. Obschon er nicht mehr der Jüngste ist, benimmt er sich so, wie er sich als Welpe bei seiner Mutter verhalten hat.

Der Hund genießt den Körperkontakt

Hoffentlich streichelt sie mich

Der Hund drückt sich fest an den Sessel

Besitzerneid

Alle Hunde hüten und verteidigen instinktiv alles, was sie als ihr Eigentum betrachten. Oft zeigen sie sich sehr besitzergreifend, wenn es um begehrte Gegenstände, Schlafplätze oder die Aufmerksamkeiten bestimmter Personen geht. Kinder werden nicht als dominant aufgefaßt und können deshalb dieser gefährlichen Form der Aggression ausgesetzt sein. Deswegen müssen die Erwachsenen bei Begegnungen zwischen Hunden und Kindern stets sorgfältig aufpassen.

Ein gebellter Befehl

1 Hörbare Verärgerung
Die Golden-Retriever-Hündin sieht, daß der andere Hund mit einem Spielzeug spielt, und bellt, weil sie es selbst haben will.

Der Kopf wird selbstbewußt vorgereckt

Ich will es haben, weil du es hast.

2 Optische Drohgebärde
(Oben) Die Retriever-Hündin setzt die Drohung mit Zähnefletschen fort. Als Reaktion auf dieses Imponiergehabe läßt der Spinone das Spielzeug fallen und blickt die Aggressorin an.

3 Besitzergreifung
Der Spinone zeigt der mächtigeren Retriever-Hündin seine Unterwerfung an; er rollt sich auf die Seite und gibt das Spielzeug frei. Die Hündin kann es jetzt in Besitz nehmen.

Unterwürfige Rollbewegung

Futterneid

Um sein Futter ganz für sich zu behalten, bedroht der Schäferhundwelpe den lohfarbenen Welpen, der unterwürfig zurückweicht. Aufgrund seiner Größe und seines Temperaments ist der Schäferhundwelpe dominant.

Verteidigung der Beute

Dieser dominante Timberwolf stellt sich über seine Beute und bedroht jeden, der ihm zu nahe kommt. Das macht er so lange, bis er seinen Hunger gestillt hat. Ein ähnliches Verhalten kommt auch bei Hunden vor, und zwar unabhängig vom Geschlecht oder von der Rasse. Terrier gelten als besonders besitzergreifend, aber selbst ein so sanfter Hund wie der Golden Retriever hütet sein Futter. Nicht selten ist ein Hund eifersüchtig auf die Aufmerksamkeiten seines Besitzers, und er verhält sich aggressiv gegenüber jedem potentiellen Rivalen.

Komm ja nicht näher! Das gehört mir.

Die abgewandten Augen sind ein Unterwerfungszeichen

Der Körper schiebt sich zur Seite

Der Welpe bewegt sich selbstsicher vorwärts

Kraftproben

Tauziehen ist ein beliebter Hundesport. Es erfüllt unterschiedliche Aufgaben. Manche Hunde betreiben es aus Besitzneid, weil sie etwas haben wollen, was einem anderen Hund gehört. Für andere ist es nichts weiter als ein Spiel, das Spaß macht. Normalerweise trägt der selbstbewußtere Hund am Ende den Sieg davon, doch bisweilen lassen überlegene Hunde, die mit rangtieferen spielen, den unterlegenen Gefährten gewinnen, nur um den Vorgang zu verlängern. Durch das Tauziehen festigen Hunde, die zusammenleben, ihre Rangstellung; wenn sich Menschen in das Spiel einmischen, sollten sie also stets darauf achten, daß sie Sieger bleiben, um ihre Dominanz zu demonstrieren.

Der Sieger erhält den Preis
Der Retriever-Welpe schaut zu, wie der Dackel mit dem Spielzeug abzieht. Das Spiel hat damit geendet, daß der Dackel den begehrten Gegenstand dauerhaft in Besitz nimmt.

Der Dackel lugt nach hinten, um sich zu vergewissern, daß der Welpe ihm nicht folgt

Zum Festhalten des Spielzeugs werden die Fangzähne benutzt

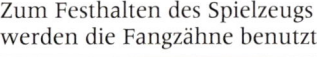

Ich gebe es nicht mehr her.

Das Spielzeug wird fest gepackt

Streit zwischen Gleichen
(Oben) Der Golden Retriever und der Spinone stehen nebeneinander und versuchen das Spielzeug möglichst fest zu packen. Diese Hunde sind in Körpergröße und Selbstbewußtsein einander ebenbürtig. Das Tauziehen ist nur ein Spiel und kein Mittel zur Dominanzausübung.

Ich mag Spiele mit Körperkontakt.

Jung und alt
Während der ältere Labrador-Retriever das Spielzeug wegzuschleppen versucht, kommt der junge Golden Retriever herbei und packt es. Ausgewachsene Hunde gehen mit Welpen zwar im allgemeinen sanft um, aber eine Situation wie diese kann ein besitzergreifendes Aggressionsverhalten auslösen.

**Der Kopf wird ab-
wehrbereit gesenkt**

Schlußpfiff
*Durch ein Knurren gibt der dominante
Hund dem anderen zu verstehen, daß das Spiel
vorbei ist. In der Hundesprache bedeutet das,
daß die Besitzfrage nun endgültig geklärt ist.*

Nur zum Spaß
*Um anzudeuten, daß dieses Tauziehen
nur ein vergnügliches Spiel ist, legt sich
der eine Hund ganz entspannt auf
den Rücken, während der andere an
dem Spielzeug herumzerrt.*

*Wetten, daß du es mir
nicht abnehmen
kannst!*

Machtprobe
*Mit gespreizten Hinterbeinen zieht dieser
Welpe heftig an dem Spielzeug. Wenn er das
Tauziehen mit seinem Menschenpartner gewinnt,
wächst sein Selbstvertrauen.*

**Der Gegen-
stand wird
spielerisch
weggezogen**

**Der Vorder-
lauf wird zum
Sprung
angehoben**

Aufforderung zum Spiel
*Um ihre Gefährtin zu einer Reaktion zu
provozieren, schüttelt diese Basenji-Hün-
din aufreizend ihr Spielzeug. Die andere
Hündin reagiert, indem sie nach ihm
schnappt.*

**Die steifbeinig gespreizten
Hinterläufe sind bereit zu
einer Rückwärtsbewegung**

77

Spiele mit Menschen

O bwohl Hunde vielfach ganz zufrieden sind, wenn sie das Luxusleben bei uns genießen können, müssen sie sich geistig und körperlich betätigen. Ständige Wachsamkeit gehört zu ihrer Natur und unter natürlichen Bedingungen beobachten sie ihre Umwelt sehr scharf. Ohne Anregungen und Aktivitäten langweilen sie sich, und gelangweilte Hunde neigen zu destruktivem Verhalten. Das Spielen mit Hunden hält sie geistig aktiv; es fördert – wenn man die richtigen Spiele auswählt – ihre Bindung an den Menschen und bestätigt ihn in seiner Rolle als Rudelchef.

Spiel um den Sieg

Der Terrier zerrt besitzergreifend an einem Spielzeug, das sich besonders gut für das Tauziehen eignet. Hunde, vor allem dominante Hunde, sollten in einem solchen Spiel mit einem Menschen nie Sieger bleiben, denn sonst fühlen sie sich ihm gegenüber dominant.

Harmonische Beziehung

(Unten) Sobald der Basset Griffon Vendéen seinen Herrn singen hört, stimmt er mit ein. Solche scheinbar albernen Aktivitäten tragen in Wirklichkeit dazu bei, das Band zwischen Ihnen und Ihrem Hund zu festigen.

Die Lefzen werden zum Heulen eingezogen

Ein schwieriges Fangkunststück

(Oben) Dieser Drahthaar-Foxterrier muß sich sehr konzentrieren, um mit einem so großen Ball richtig umgehen zu können. Weil er den dicken Ball nicht mit dem Maul auffangen kann, lernt er, ihn auf der Schnauze zu jonglieren. Auf diese Weise können Sie Ihrem Hund das »Fußballspielen« beibringen.

Der Ballon prallt
von der Hunde-
schnauze zurück

Die Pfote wird zu einer vorsich-
tigen Berührung angehoben

*Er springt
jedesmal weg,
wenn ich ihn
berühre.*

Versteckspiel
*Dieser ausgewachsene Gordon-Setter möchte seine Besitzerin
bepfoten, wenn sie sich vor ihm »versteckt«. Durch
Versteckspiele mit Menschen oder Spielsachen wird der
natürliche Such- und Forschungstrieb des Hundes angeregt.*

Die Ohren sind
wachsam aufgerichtet

Der Blickkontakt
bleibt bestehen

Mit den Vorder-
läufen hält er
die Balance

*Es ist zwar kein
Vogel, aber das
Haschen macht
trotzdem Spaß.*

Vorderläufe
bereiten sich auf
eine sanfte
Landung vor.

Der Hund
nimmt die
Verfolgung des
Ballons auf

Eine schier unlösbare Aufgabe
*Die beiden Hunde, die einen praktisch unerreich-
baren Luftballon zu haschen versuchen, haben die
Möglichkeit, ihre Geschicklichkeit zu erproben und
gleichzeitig ihren Körper zu trainieren. Sie sind
darauf angewiesen, daß der Mensch ihnen Spielzeug
zur Verfügung stellt und als Schiedsrichter fungiert.*

79

Glückliche Hunde

Daß ein Hund glücklich ist, können wir an seinen beweglichen Ohren, seinen leuchtenden Augen, seinem wedelnden Schwanz und seiner gesamten Körpersprache erkennen. Das ist nicht weiter verwunderlich, denn Hund und Mensch haben viele Emotionen und Ausdrucksbewegungen gemeinsam. Hunde können jedoch nicht lächeln. Wenn sie bei der Begrüßung die Lippen zurückziehen, so ist das eine Demutsgeste, wie sie sie ihrem Rudelführer zeigen; doch einzelne Hunde lernen auch, ein menschliches Lächeln nachzuahmen. Um glücklich zu sein, braucht ein Hund nicht in Hochstimmung zu sein: Zufriedenheit und Entspannung sind ebenfalls ein Ausdruck davon.

Wenn der Hund die Nase zusammenzieht, muß er niesen

Vorderbeine in Bettelhaltung angehoben

Mit gespreizten Hinterbeinen wird das Gleichgewicht gehalten

Ein erhebendes Gefühl
(Oben) Diese Zwergpudel-hündin richtet sich vor Freude auf und bewegt sich auf den Hinterbeinen vorwärts. So kommt sie dem Objekt ihrer Zuneigung näher, dem Gesicht ihres Herrchens oder Frauchens.

Perfekter Imitator
Der Dandie-Dinmont-Terrier wirkt grimmig, doch er versucht nur ein menschliches Lächeln nachzuahmen. Dies ist ein erlerntes Verhalten.

Mutterliebe
Ein junger Wolf legt den Kopf auf den Rücken seiner Mutter. Glück ist ein Gefühlszustand des Menschen, aber es besteht kaum ein Zweifel, daß sich dieser Wolf geborgen und glücklich fühlt. Auch Hunde kennen ein solches Glücksgefühl, wenn das Leben für sie vergnüglich und genußvoll ist, und sie sind traurig, wenn ihnen körperliche Betätigung, geistige Anregung oder der Kontakt zu ihrer Menschenfamilie oder zu anderen Hunden versagt wird. Zwischen Gefühlen und Gesundheit bestehen ein direkter Zusammenhang: Traurigkeit oder Depressionen können einen Menschen krank machen, und das gleiche gilt auch für Hunde.

Eindeutiges Angebot

(Unten) Mit wedelndem Schwanz und angehobenem Hinterlauf bietet der Golden Retriever seinen ungeschützten Bauch dar, weil er gestreichelt werden möchte. Hunde, die sich in einer stabilen Beziehung zu ihren Besitzern wohl fühlen, zeigen gern ein derart entspanntes Verhalten.

Hinterläufe sind entspannt

Schwanz hängt schlaff herab

Entspannt und geborgen

(Rechts) Dieser »vergnügungs-süchtige« Golden Retriever hat es sich auf dem gemütlichsten Plätz-chen, das er finden konnte, bequem gemacht. Hunde brauchen An-regungen, aber sie sind auch dann glücklich, wenn sie entspannt der Ruhe pflegen können.

Bauch ist exponiert

Höchste Wonne!

Vergnügungsfahrt

(Unten) Diese Bearded Collies finden es aufregend, den Kopf aus dem Wagenfenster zu strecken. Das ist zwar eine nicht ungefährli-che Unsitte, aber die meisten Hunde genießen sie, weil der Fahrtwind sie an das Erlebnis einer vergnüg-lichen Hetzjagd erinnert.

Kopf und Schwanz

Der »naturbelassene« Hund hat einen langen Schwanz, eine mäßig lange Schnauze und Stehohren. Hunde benutzen diese Körperteile dazu, ihre Gefühle zu signalisieren, doch manchmal haben wir es schwer, diese Signale zu verstehen, weil wir bestimmte Rassehunde durch die Zucht oder durch chirurgische Eingriffe verändern. Das diente ursprünglich dazu, die Gebrauchsfähigkeit der Tiere zu verbessern; Vorstehhunden wurde beispielsweise die Rute kupiert, damit sie sich im dichten Unterholz nicht verhedderten oder verletzten. Heute sind diese Korrekturen kaum noch berechtigt oder sogar verboten.

Eine kupierte Rute bewegt sich schneller als eine ungestutzte

Schwanz wird beim Wedeln eingerollt

Kompletter Schwanz

(Rechts) Dieser Dobermann wedelt wie verrückt mit seiner ungestutzten Rute, um seine Freude oder Erregung auszudrükken. Bei vielen Dobermännern werden die Ohren (seit 1987 in der BRD verboten) und die Rute immer noch kupiert. Für das Kupieren gibt es keine medizinische Begründung; es soll dem Hund lediglich ein gefährlicheres Aussehen verleihen.

Der Schwanz wird fest zwischen den Hinterbeinen eingeklemmt

Demutshaltung

Durch das Einklemmen der Rute zwischen den Hinterläufen zeigt dieser Whippet seine Unterwerfung an. Die Geste ist unmißverständlich, aber kein Zeichen von Angst, denn bei dieser Rasse ist es normal, daß die Rute im Stand unterzogen getragen wird.

Menschenähnlichkeit

(Links) Der Boxer hat ein abgeflachtes, »menschliches« Gesicht, das für viele Rassen typisch ist. Die Ohren sind unkupiert (das Stutzen der Ohren ist bei dieser Rasse in einigen Ländern nach wie vor erlaubt), aber der Schwanz ist stark verkürzt worden.

Du siehst, was ich empfinde, oder?

Die Lefzen sind unterwürfig zurückgezogen

Die Ohren verraten Aufmerksamkeit

Folgebereitschaft

(Unten) Mit angelegten Ohren und hechelnd hält dieser Greyhound den direkten Blickkontakt mit seinem Besitzer aufrecht. Damit signalisiert er dem zweibeinigen Rudelführer seine unterwürfige Bereitschaft.

Hecheln vor Erregung

Helle Begeisterung

(Unten) Dieser Australische Silky-Terrier ist offensichtlich ganz aufgeregt: Er richtet die Ohren nach vorn und wedelt mit dem aufgestellten unkupierten Schwanz. Das lange Haar, das die Augen verdeckt, beeinträchtigt manchmal die optische Kommunikation.

Die feste, aufrechte Haltung ist ein Zeichen von Selbstbewußtsein

Das Schwanzwedeln verrät Erregung

Durch das Hecheln wird überschüssige Körperwärme abgeführt

Aufgeregtheit

Extrovertierte Hunde benehmen sich übertrieben anhänglich, desgleichen hochsensible oder neurotische Tiere. Auch anhaltende Langeweile kann Übererregtheit zur Folge haben. Die Neigung zur leichten Erregbarkeit, das Temperament, ist teils angeboren, teils anerzogen. Sie ist eine der wichtigsten Eigenschaften, auf die man bei der Auslesezucht geachtet hat. Die Terrier verkörpern die temperamentvollsten Rassen, während Jagdhunde wie die Bassets und Bluthunde am wenigsten erregbar sind. Erregung ist ein angenehmes Gefühl, das dem Hund Befriedigung verschafft. Das ist einer der Gründe, warum Hunde »lernen«, sich so zu benehmen.

Es hat geklingelt. Jetzt passiert etwas Aufregendes!

Der Schwanz wedelt vor Aufregung

Übereifrige Begrüßung
Diese temperamentvolle Springer-Spaniel-Hündin reagiert auf das Klingeln, indem sie sofort, wie aus der Pistole geschossen, an der Tür hochspringt. Ihre Handlung wird belohnt, wenn der Besucher eintritt, und dadurch wird ihr Verhalten verstärkt.

Große Aufregung
Erregt durch die Anwesenheit eines anderen Hundes, umfaßt der Tibet-Terrier den Zwergschnauzer und versucht bei ihm aufzureiten. Rüden benehmen sich so, um ihre Dominanz zu demonstrieren, aber sowohl Rüden wie Hündinnen besteigen andere Hunde, wenn sie übererregt sind.

Geh ja nicht fort!

Der lange Abschied
Sobald der Cocker-Spaniel merkt, daß sein Besitzer weggehen will, beginnt er zu knurren und schnappt nach dessen Hose. Der Hund meint, daß er seinem Herrn Vorschriften machen kann, und regt sich furchtbar auf, wenn dieser sich »unerlaubt« entfernen möchte.

Stürmische Begrüßung
Der Leonberger springt an seinem Herrn hoch, um ihn zu begrüßen, genauso wie er als Welpe seine Mutter begrüßt hat. Viele Hunde regen sich übermäßig auf, wenn sie ihr »Leittier« sehen, und zeigen ein Verhalten, das bei einem Tier dieser Größe gefährlich werden kann.

Der Hund streckt sich, um an das Gesicht heranzukommen

Ersatzobjekt
(Rechts) Der durch den Anblick seines Herrn übererregte Golden Retriever umklammert dessen Bein und reibt sich daran. Dieses Verhalten ist häufig bei Hunden zu beobachten, die durch den Auftritt eines Fremden in »ihrer« Wohnung erregt werden.

Es sieht zwar nicht sehr sexy aus, doch etwas anderes habe ich nicht.

Langeweile

Hunde sind nicht gern allein. Sie sind gesellige Lebewesen, die es als unnatürlich empfinden, wenn sie keine Gesellschaft oder Beschäftigung haben. Ein Hund muß ungefähr in der Hälfte seiner Wachzeit geistig aktiv sein; wenn nicht, beginnt sein Gehirn tatsächlich zu schrumpfen. Die meisten gelangweilten Hunde blicken trübselig drein und liegen faul herum, doch viele benehmen sich auch destruktiv. Sie unterwühlen Zäune, scharren auf dem Teppich herum oder zerkratzen die Wände. Ein Spielgefährte ist die beste Lösung, aber auch sie schafft nicht immer Abhilfe. Weil wir Hunde in einer künstlichen Umwelt halten, sind wir für ihr seelisches Wohlbefinden ebenso verantwortlich wie für ihre körperliche Gesundheit.

Nicht in Stimmung
Der Spinone reagiert nicht auf die Spielaufforderung des Boston-Terrier. Ein zweiter Hund ist meist ein zuverlässiges Mittel gegen Langeweile, aber keine Alleinlösung. Wir müssen die Bedürfnisse unseres Hausgenossen erspüren und ihm geistig und körperlich anspruchsvolle Aufgaben stellen.

Tödliche Langeweile
(Links und rechts) Weil dieser Magyar Viszla (Ungarischer Vorstehhund) nichts Besseres zu tun hat, steigt er auf einen Stuhl. Er gähnt, macht ein trübsinniges Gesicht und schließt die Augen. Seinem Gehirn und Temperament würden geistige Anregungen sehr guttun.

Die schlaff herabhängenden Ohren verraten Desinteresse

Tut mir leid, aber ich mag nicht.

Typische Aufforderung zum Spiel

Kleine Beschäftigungstherapie

Da dem Cocker geistige Anregungen fehlen, kaut er auf einem Spielzeug herum, während sein Partner zuschaut. Wenn Sie das Hundespielzeug mit der Hand einreiben, ist die Wahrscheinlichkeit größer, daß das Spielzeug und nicht das Mobiliar benagt wird.

Der unbeschäftigte Hund schaut auf das Spielzeug

Darf ich das auch einmal haben?

Die Beine sind entspannt nach hinten ausgestreckt

Geistige Trägheit

(Unten) Dieser gelangweilte Golden Retriever begnügt sich damit, einfach in die Gegend zu starren. Er ruht auf dem Boden, weil ihm die rasch aufeinanderfolgenen Anregungen versagt sind, die er draußen vorfinden würde.

Das Leben ist fad.

Die Rute hängt schlaff herab

Geselligkeitstrieb

Bleibt ein Hund ohne körperliche oder geistige Anreize sich selbst überlassen, kann er vielerlei stereotype Verhaltensformen entwickeln. Wie ein Wolf im Zoo wandert er vielleicht unentwegt hin und her, oder er rennt treppauf und treppab, bellt unaufhörlich oder setzt womöglich im Haus seinen Kot und Urin ab. Trennungsangst und solches zwanghafte Verhalten kommen am häufigsten bei Hunden vor, die man sich aus einem Tierheim geholt hat.

Der Teppich wird wie ein Beutetier geschüttelt.

Zerstörungslust aus Kummer
Dieser Deutsche Schäferhund läßt seine Frustration an einem Teppich aus. Allein gelassene Hunde können völlig aus der Rolle fallen; sie zerkauen und zerreißen Gegenstände und graben und schmutzen überall in der Wohnung. Das ist ein Ausdruck von Angst, keine »Rache« für das Alleingelassenwerden.

Zeichen der Veränderung
Die Deutsche Dogge beginnt sich beim Anblick des Koffers sofort zu grämen. Hunde sind Gewohnheitstiere, die uns genau beobachten und jede Veränderung unserer Lebensgewohnheiten sehr schnell bemerken. Diese Hündin begreift nicht unbedingt, daß ihr Herr den Koffer für eine Reise gepackt hat, obwohl Hunde einen solchen Zusammenhang sehr rasch erfassen können, aber sie weiß auf jeden Fall, daß sich in ihrer Alltagsroutine etwas verändert hat, und deshalb ist sie bekümmert.

Einzelhaft
(Unten) Weil dieser Golden Retriever keine ver-
nünftige Beschäftigung hat, zerfetzt er die gerade
eingeworfene Zeitung. Wenn er dann immer
noch unglücklich ist, daß man ihn im Haus
allein zurückgelassen hat, kann er dazu
übergehen, seine Pfoten zwanghaft
zu belecken, und zwar so ausgiebig, daß er medizinische
Hilfe braucht.

*Wo sind sie
nur alle?*

*Für mich gibt es
doch nichts
anderes zu tun.*

Der Hund
entspannt
sich beim
Kauen

Verlassenheitsruf
(Oben) Bestimmte Rassen, wie etwa dieser Dobermann, leiden mehr als andere unter Trennungs-
ängsten und heulen jämmerlich, wenn sie das
Gefühl haben, man habe sie »verlassen«. Durch
Bellen, vor allem andauerndes, rhythmisches Bellen,
drücken alleingelassene Hunde am
häufigsten ihre Frustration aus.

Kampf oder Flucht

Bei einer Konfrontation mit dem Unbekannten zeigen Hunde ihre Angst auf dreierlei Weise. Ihre erste Reaktion ist in der Regel, daß sie zu fliehen oder zumindest sich zu verstecken versuchen. Wenn das nicht möglich ist, haben sie nur zwei Alternativen: entweder zu kämpfen oder sich unterwürfig klein zu machen. Selbst der dominanteste Hund kann durch fremde Erscheinungen oder Geräusche, durch größere Tiere oder irgendwelche neue und unerwartete Eindrücke erschreckt werden. Angst kann anerzogen sein, aber sie ist bei einigen Rassen, zum Beispiel beim Pointer und beim Deutschen Schäferhund, auch ein ererbtes Merkmal.

Schutzsuche

Diese Boxerhündin, die in einer fremden Umgebung in Panik gerät, sucht Schutz unter einem Stuhl – das domestikationsbedingte Pendant zu einem Wolf, der sich in seine sichere Höhle verzieht. Wenn sich jemand der Hündin bedrohlich nähert, erstarrt sie vermutlich zur Säule.

Der zurückweichende, gekrümmte Körper ist eine typische Angsthaltung

Jetzt bin ich unerreichbar.

In die Enge getrieben

Da sich der Deutsche Schäferhund nirgendwo verstecken kann, geht er, um sich zu schützen, zum Angriff über – eine charakteristische Reaktion bei dieser Rasse. Nicht selten kann ich dieses Verhalten in meiner Tierklinik beobachten: Ein vor Angst zitternder Hund, der die Ohren angelegt und den Schwanz eingeklemmt hat, fühlt sich in die Enge getrieben und wird plötzlich aggressiv, wenn man sich ihm nähert.

Angriff ist die beste Verteidigung.

Der Blickkontakt wird aufrechterhalten

Mein Herr ist größer als du.

Die Ohren verraten Furcht und Unbehagen

Angstgähnen
(Rechts) Die Körpersprache des Whippets verrät seine Angst: Er gähnt, seine Augen sind weit aufgerissen, und er zittert. Seine Unterwerfung zeigt er auch durch die flach angelegten Ohren an, und er versteckt sich schutzsuchend hinter seinem Rudelchef. Bei extremer Angst scheidet ein Hund ein Sekret aus seinen Analdrüsen aus.

Der angehobene Vorderlauf ist eine Unterwerfungsgeste

Ein schützender Turm
(Links) Am sichersten fühlen sich Hunde, wenn ihr Besitzer anwesend ist. Sie versuchen sich hinter seinen Beinen zu verstecken, wenn sie Kummer haben oder sich in Gefahr wähnen, nicht anders als kleine Kinder. Dieser Hund möchte auf den Arm genommen werden.

Lebenslanges Lernen

Hunde lernen ununterbrochen ihr ganzes Leben lang. Wir bringen ihnen bei, in vielerlei Formen für uns zu arbeiten; sie sollen Blinden die Augen ersetzen oder uns und unser Eigentum schützen, und auch unsere Familienhunde sollten ein solides Gehorsamkeitstraining erhalten. Selbst Hunde, die nicht gezielt abgerichtet werden, orientieren sich an unseren Lebensgewohnheiten und informieren sich ständig über ihre Umwelt. Mit zunehmendem Alter läßt die Aufnahmebereitschaft nach, und das Gehirn beginnt tatsächlich zu schrumpfen. Die Routine wird dann wichtiger. Doch selbst bei einem alten Hund kann man die geistige Beweglichkeit erhalten, wenn man regelmäßig für anregende Beschäftigung sorgt.

Angriff auf Befehl

(Oben) Auf Befehl attackiert dieser ausgebildete Schutzhund einen vermeintlichen Eindringling, einen »Anreizer« oder »Figuranten«. Solche Hunde, die darauf abgerichtet sind, Verbrecher zu stellen und zu »apportieren«, aber nicht zu verletzen, können in einem Augenblick aggressiv und im nächsten ganz sanft sein.

Wie wär's mit einem Spielchen?

Alter Hund, neue Tricks

(Oben) Obwohl dieser Golden Retriever schon ziemlich alt ist, macht es ihm immer noch Spaß, mit einem neuen, interessanten Gegenstand zu spielen. Dank täglicher Übung hat er sich eine jugendliche Lebensfreude bewahrt.

Vexierbild

(Rechts) Der Groenendael macht ein verwundertes Gesicht, als er sein Abbild im Spiegel erblickt. Hunde können ihr ganzes Leben lang lernen, aber manches bleibt ihnen einfach unerklärlich.

Die schlaff herabhängende Rute verrät Gelassenheit

So alt wie man sich fühlt

(Oben) Sobald der betagte Gordon-Set-
ter den ballspielenden Basenji sieht,
geht er auf ihn zu, um beim Spiel mit-
zumachen. Hunde bleiben auch im
Alter neugierig und gesellig, wenn
sie ein anregendes Leben führen.

Bitte nicht stören

(Rechts) Ein Welpe weicht vor seiner Großmutter
zurück, die ihn anfaucht, weil sein unerwar-
teter Annährungsversuch sie überrascht
hat. Alte Hunde können sehr eigen sein
und sollten nicht unverhofft
gestört werden.

Ich bin reizbar.
Laß mich in Ruhe!

Die
Zähne
werden
ent-
blößt

Der Hund zieht
verwirrt den
Kopf zurück

Der Kopf wird
nachdenklich
geneigt

Ich versteh'
das nicht. Wer
ist das?

Die Gründung
einer Familie

Hunde sind sehr unterschiedlich, was ihr Temperament angeht, doch sie alle haben vieles gemeinsam, insbesondere im Fortpflanzungsverhalten. Das kurze Liebesspiel und die körperliche Vereinigung von Rüde und Hündin verlaufen bei den winzigsten Schoßhündchen genauso wie bei den größten Gebrauchshunden. Das gilt auch für das Verhalten der trächtigen Hündin: Sie wird ruhiger, hütet Spielzeuge und andere Gegenstände eifersüchtiger als sonst, liegt am liebsten unter Tischen oder Stühlen und wird zuweilen bissig. Diese hormonal gesteuerten Veränderungen treten auch in der Scheinträchtigkeit auf.

Bei der Geburt weiß die Hundemutter, was sie zu tun hat. Sie durchtrennt die Nabelschnüre, leckt die Welpen trocken und erleichtert ihnen den Zugang zur Milchquelle. Die Neugeborenen sind mit nur wenigen Sinnen ausgestattet und völlig abhängig von der Mutter. Ihre Sinnesleistungen entwickeln sich jedoch in wenigen Wochen, und damit erlangen sie auch ihre Selbständigkeit. Die Welpen beginnen schon bald ihre Welt zu erkunden; sie lernen miteinander und mit allen möglichen Gegenständen umzugehen, und sie fordern sowohl feste Nahrung als auch Milch von ihrer geplagten Mutter.

Die sanfte Antwort
Der auf dem Boden liegende Welpe beißt nicht zu und verwandelt so den Kampf in ein Spiel. In solchen Spielen werden ernsthafte Beschädigungen vermieden und zugleich die Rangpositionen ermittelt.

Mal oben, mal unten
Diese sechs Wochen alten Welpen balgen sich und trainieren dabei ihre Körperbeherrschung, ihren Gleichgewichtssinn und ihre Reflexe.

Kinderspiele
Während ein Welpe unbekümmert das Bein eines anderen beknabbert, kommt ein dritter hinzu, um mitzuspielen. Das Spiel ist eine jugendliche Aktivität, die der Haushund sein Leben lang beibehält.

Dies ist für die meisten Hunde die einzige Lebensphase, in der sie Teil eines echten Rudels sind. Die Mutter ist die Rudelführerin, doch auch unter den Hundekindern bildet sich eine Rangordnung heraus. Im Spiel wird die Zusammenarbeit im Team erlernt und das Verhalten für immer geprägt.

Mutterliebe

Die vierwöchigen Welpen haben sich zu einer Mahlzeit bei ihrer treusorgenden Mutter eingefunden. Die Kleinen sind auf sie angewiesen, bis sie das Alter erreichen, in dem sie in der freien Natur selber Beute jagen könnten.

Weil wir Menschen die Fortpflanzung der Hunde kontrollieren, können wir die allen gemeinsamen Merkmale verstärken oder abschwächen. Auf diese Weise haben wir die unterschiedlichen rassetypischen Temperamente hervorgebracht. Manche Hunde sind leicht erziehbar, andere sehr eigenwillig. Gewisse Rassen sind ganz auf den Menschen fixiert, andere mehr auf ihr Territorium. Einige sind viel erregbarer als andere. Durch sorgfältige Wahl können Sie jedoch einen Hausgenossen finden, der zu Ihnen paßt und das Leben von Ihnen und Ihrer Familie bereichert. Die Tabelle am Schluß des Buches (s. S. 120/121) soll Ihnen in dieser Hinsicht Hilfestellung geben.

Positionskampf

In solchen Kampfspielen bestimmen junge Hunde ihre künftige Stellung innerhalb der sich herausbildenden Hierarchie.

Freundliches Trio

Diese drei Wochen alten Welpen kuscheln sich wärme- und schutzsuchend aneinander. Als Rudeltiere lieben sie auch fortan, selbst im Erwachsenenalter, den Kontakt zu anderen Hunden – und zu uns Menschen.

Partnerwahl

Obwohl es den Anschein hat, daß der Rüde in der Liebe die Initiative ergreift, entscheidet in Wahrheit die Hündin, wann und mit wem sie sich paart. Sie wählt nicht unbedingt den dominantesten Rüden. Hündinnen geben vertrauten Partnern den Vorzug, und es kommt vor, daß sie sich bei allzu dominanten Rüden nur unterwürfig auf dem Boden wälzen. Während Rüden ständig sexuell aktiv sind, kennen Hündinnen normalerweise nur zwei kurze Zeitspannen im Jahr, in denen sie läufig sind und sich bereitwillig begatten lassen. Vor und kurz nach dem Eisprung wird die Hündin unternehmungslustiger und wirbt um das Interesse der Rüden.

2 Verkehrte Welt
In den Partnerspielen vor der Paarung umklammert die Hündin den Rüden von hinten und besteigt ihn. Manchmal vollführt sie dabei auch Beckenstöße. Er ist zwar irritiert, wird aber nicht aggressiv, weil er sich Hoffnung auf eine Kopulation macht.

Augenblick mal! Wäre das nicht meine Sache?

Die Vorderläufe umfassen die Zwerchfellpartie des Rüden

Die Ohren sind wachsam aufgerichtet

Die Vorderhand senkt sich, um »Aufforderung zum Spiel« zu signalisieren

Wie wär's mit einem Spiel?

1 Spielaufforderung
Der Rüde hat gewittert, daß die Hündin läufig ist, und nähert sich ihr selbstbewußt. Sie antwortet darauf mit einer »Verbeugung«, die ihn zum Spiel auffordert und ihm zugleich zu verstehen gibt, daß sie noch nicht paarungsbereit ist.

3 Kurzes Intermezzo
(Rechts) In ruhiger Haltung, aber aufgeregt mit dem Schwanz wedelnd, gestattet der Rüde der Hündin, ihn zu inspizieren. Sie leckt sich die Nase, damit sie die Duftmoleküle besser aufnehmen und ihn intensiver beriechen kann. Nach einer kurzen Pause geht das Spiel weiter.

Die Rute ist vor Erre-gung hoch aufgerichtet

5 Stillhalten

Sobald die Hündin festgestellt hat, daß der Rüde ein akzeptabler Partner ist, hält sie still. Sie biegt den Schwanz zur Seite, um ihre Vulva zu enthüllen. So be-nimmt sie sich nur nach dem Ei-sprung.

Der Schwanz wird ab-gewinkelt

4 Herumtollen

Ein solcher spielerischer Ring-kampf wird oft von der Hündin initiiert. Dabei kann sie häufigen Körperkontakt mit ihrem Partner herstellen. Beide Tiere wälzen und balgen sich unter ständigem Knurren, während der Rüde die Gelegenheit zu wiederholten Beckenstößen nutzt.

Ich bin bereit, wenn du es auch bist.

Er hechelt heftig, um sich ab-zukühlen

Die Paarung

Nach dem aufwendigen Vorspiel wird die Begattung rasch vollzogen. Sobald die Hündin stillhält und sich dem Rüden darbietet, bespringt er sie. Dabei umfaßt er ihren Körper mit den Vorderbeinen und schiebt seine Brust auf ihren Rücken. Während des Deckakts packt er sie manchmal sanft mit den Zähnen, und er beleckt auch ihren Kopf, vor allem die Umgebung der Ohren. Die Ejakulation erfolgt sehr schnell, aber die beiden Hunde bleiben danach noch etwa ein halbe Stunde lang körperlich vereint. Diesen Zustand bezeichnet man als »Hängen«; er soll verhindern, daß die Hündin während dieser Zeit von anderen Rüden begattet wird.

1 Paarungsbereitschaft
Wenn die Hündin mit abgewinkeltem Schwanz stillhält, beschnuppert und beleckt der Rüde erregt ihre Schamspalte. Nimmt sie das Spiel wieder auf, markiert er eine Stelle in der Nähe mit seinem Urin. Wenn sie aber weiterhin stehen bleibt, weiß er, daß sie paarungswillig ist.

Die Hunde bleiben im Zustand des Hängens vereint

2 Letzte Prüfung
(Links) Wenn sich der Rüde der Hündin nähert, wendet sie den Schwanz von ihm ab. Zunächst stellt er sich quer zu ihr und legt ihr den Kopf auf den Rücken. Er beleckt oder beknabbert sie, und wenn sie sich nicht abgeneigt zeigt, schickt er sich an, sie zu bespringen.

3 Die Kopulation
(Unten) Während die Hündin stillhält, oft mit halb geschlossenen Augen, umfaßt der Rüde ihren Leib und beginnt mit dem Becken zu stoßen. Die Ejakulation erfolgt fast sofort.

Die Hündin verhält sich passiv

Die Vorderbeine umklammern den Körper der Hündin

4 Lang anhaltende Vereinigung
(Links) Nach dem Vollzug der Begattung vergrößert sich der Schwellkörper an der Penisbasis, wodurch die Trennung des Paars verhindert wird. Der Rüde hebt einen Hinterlauf über den Rücken der Hündin, aber die beiden bleiben mit einander zugekehrten Hinterteilen vereint. Dieses »Hängen« dauert fünf bis fünfzig Minuten.

Der Rüde schließt die Augen und entspannt sich

5 Säuberung
Sobald die Schwellung des Rüden abklingt, lösen sich die Partner voneinander und belecken ihre Genitalien. Das ist eine einfache hygienische Maßnahme, durch die das Risiko einer Infektion verringert wird. Nach einer Pause unterschiedlicher Länge können sich die beiden noch einmal paaren.

Die Genitalien werden gesäubert

Trächtigkeit

Sobald die Läufigkeit oder »Hitze« vorüber ist, benimmt sich die Hündin so, als ob sie trächtig wäre, ob nun eine Befruchtung stattgefunden hat oder nicht. Das liegt daran, daß ihr Körper stets nach dem Eisprung etwa zwei Monate lang das Schwangerschaftshormon Progesteron erzeugt. In dieser Zeit wird die Hündin im allgemeinen stiller und zurückhaltender, sie kann aber auch bissig und reizbar werden. Während der Trächtigkeit oder Scheinträchtigkeit hütet sie außerdem eifersüchtig alles, was ihr gehört, besonders ihre weichen Spielsachen. Man kann auch beobachten, daß sie auf Teppichen oder in der Erde scharrt oder gräbt und überall »Wurflager« anlegt, vielfach unter Tischen oder Stühlen.

Spielzeugbesitz

(Rechts) In der höhlenartigen Geborgenheit unter einem Stuhl führt eine Hündin ihr hormonge- steuertes Mutterverhalten vor, indem sie ein Stoff- tier umsorgt, dessen Ohren sie beschnuppert und anschließend beleckt. Sie benimmt sich so nach ihrer Läufigkeit, unabhängig davon, ob sie wirk- lich trächtig ist.

Das Spielzeug wird geputzt, als ob es ein Welpe wäre

Zufrieden schließt die Hündin die Augen

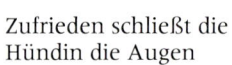

Was für ein Gewicht muß ich herumschleppen!

Ende der Tragzeit

Im letzten Stadium der Trächtigkeit ruht die Hündin auf der Seite, in der jetzt für sie bequemsten Lage. Der Umfang ihres Unterleibs deutet darauf hin, daß die Geburt unmittelbar bevorsteht.

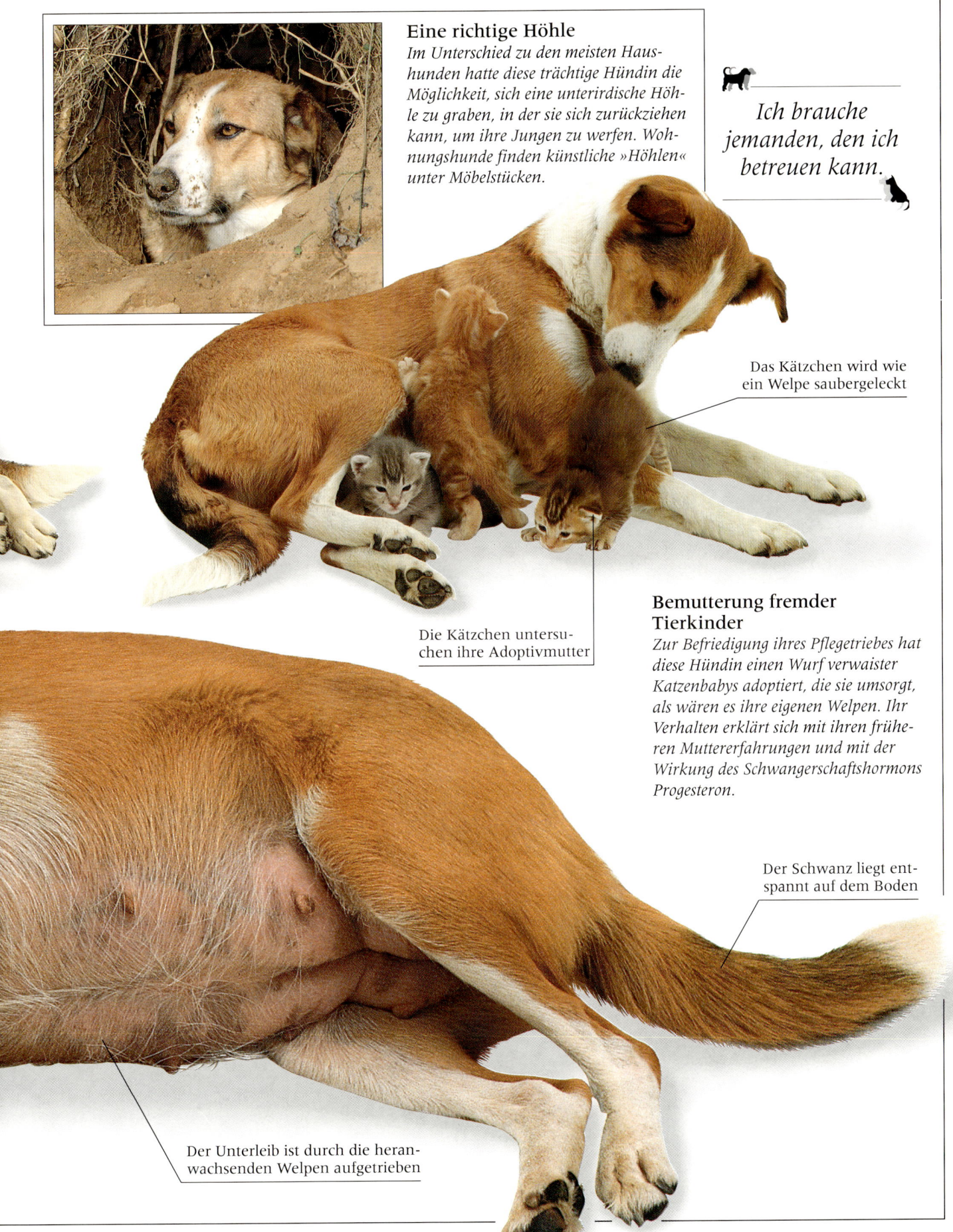

Eine richtige Höhle

Im Unterschied zu den meisten Haushunden hatte diese trächtige Hündin die Möglichkeit, sich eine unterirdische Höhle zu graben, in der sie sich zurückziehen kann, um ihre Jungen zu werfen. Wohnungshunde finden künstliche »Höhlen« unter Möbelstücken.

Ich brauche jemanden, den ich betreuen kann.

Das Kätzchen wird wie ein Welpe saubergeleckt

Die Kätzchen untersuchen ihre Adoptivmutter

Bemutterung fremder Tierkinder

Zur Befriedigung ihres Pflegetriebes hat diese Hündin einen Wurf verwaister Katzenbabys adoptiert, die sie umsorgt, als wären es ihre eigenen Welpen. Ihr Verhalten erklärt sich mit ihren früheren Muttererfahrungen und mit der Wirkung des Schwangerschaftshormons Progesteron.

Der Schwanz liegt entspannt auf dem Boden

Der Unterleib ist durch die heranwachsenden Welpen aufgetrieben

Die Geburt

Wenn die Geburt näher rückt, wird die Hundemutter unruhig und verweigert die Nahrung. Sie kann sich Fremden gegenüber mißtrauisch benehmen oder auf Störungen aggressiv reagieren. Die Wehenkontraktionen treten unterschiedlich stark auf, und die Hündin atmet entweder heftig oder langsam und tief. Die Welpen werden in Abständen von wenigen Minuten bis zu zwei Stunden ausgetrieben. Manche Hündinnen unterdrücken sogar zeitweise ihre Wehen, wenn sie ihr Herrchen oder Frauchen erblicken. Die Geburt kann bei einigen hochgezüchteten Rassen sehr schwierig sein; dann ist tierärztliche Hilfe angezeigt. Wenn bei Ihrer Hündin irgendwelche Geburtsschwierigkeiten auftauchen, sollten Sie sofort einen Tierarzt rufen.

1 Eins nach dem andern
Mit rhythmischen Kontraktionen treibt die Mutter einen Welpen in seiner Fruchthülle aus. Die meisten Welpen erscheinen mit dem Kopf voran, in der Vorderendlage, aber auch die Hinterendlage ist nicht ungewöhnlich, so wie bei diesem Welpen hier. Die bereits geborenen Babys kuscheln sich inzwischen wärmesuchend an ihre Mutter.

Die Nabelschnur wird durchgebissen

2 Durchtrennung der Bande
Diese erfahrene Mutter hat bereits die Fruchthülle vom Gesicht des Welpen abgeleckt, damit er atmen kann. Sie schickt sich nun an, die Nabelschnur durchzukauen, um den Welpen von der Nachgeburt abzutrennen.

3 Sauberlecken
Die Mutter trocknet ihre Welpen durch gründliches Belecken, und sie regt sie zur Entleerung von Blase und Darm an, indem sie deren After- und Geschlechtsregion beleckt. Diese Ausscheidungsvorgänge funktionieren zwar bereits, können aber von den Neugeborenen noch nicht kontrolliert werden.

Die After- und Geschlechtsgegend wird beleckt

Es läuft ja wie geschmiert!

4 Muttermilch
In einer Austreibungspause kümmert sich die Mutter um die »Trinkordnung« ihrer Welpen. Unerfahrene Mütter säugen ihre Baby meist erst nach der letzten Geburt, aber diese Hündin sorgt dafür, daß die Kleinen ihre Zitzen so schnell wie möglich finden. Die Nachgeburt hat sie bereits aufgefressen.

Die Ohrenstellung zeigt ihr aktives Interesse an

Die Beine werden aus Gleichgewichtsgründen abgespreizt

Die Welpen suchen sofort Milch und Wärme

Nur einmal nachsehen, ob alles in Ordnung ist.

5 Wohlverdiente Ruhe
(Links) Nachdem die Mutter alle sechs Welpen geboren, trockengelegt und allen »Schmutz« so gut wie möglich beseitigt hat, damit die Neugeborenen vor etwaigen Raubfeinden geschützt sind, gönnt sie sich eine Ruhepause und läßt den Nachwuchs ausgiebig trinken. Wenn sie ungestört bleibt, wird sie ihre Welpen in den nächsten 24 Stunden nicht verlassen.

6 Abhängigkeitsverhältnis
(Unten) Diese eine Stunde alten Welpen, trockengeleckt und mit vollen Mägen, sind fast völlig hilflos und ganz und gar auf ihre Mutter angewiesen, die sie wärmt, nährt und beschützt. Abgängige Welpen holt sie nur zurück, wenn sie greinen, aber sie säugt sie, ohne daß sie darum bitten müssen.

Augen und Ohren sind bei der Geburt noch verschlossen

Die Welpen drängen sich zusammen, um sich zu wärmen und zu saugen

Jungenaufzucht

Der Bemutterungstrieb wird unmittelbar nach der Geburt durch das Aussehen und die ungeschickten Bewegungen der Welpen ausgelöst – Faktoren, die auch in uns den Pflegetrieb wecken. Das Instinktverhalten der Hundemutter äußert sich zunächst in der umfassenden Sorge für den Schutz, die Ernährung, die Sauberkeit und Hygiene der Welpen; dann folgt eine Phase, in denen den Kleinen Disziplin beigebracht wird, und schließlich, wenn sie mit der Mutter in Wettbewerb treten, werden sie wie andere erwachsene Rudelmitglieder behandelt. Diese rasche Wandlung des Mutterverhaltens macht es möglich, daß die Welpen schon im Alter von drei Monaten selbständig werden.

Spielstunde
Indem die Mutter zusammen mit ihren Kindern spielt, trägt sie dazu bei, daß diese ihre Bewegungskoordination und Reflexe entwickeln. Auf ein solches Spiel folgt vielfach eine gesteigerte mütterliche Zuwendung, etwa eine gründliche Fellpflege.

Erziehung zur Reinlichkeit
Die Mutter putzt einen Welpen und regt ihn durch Belecken der Afterregion zur Harn- und Kotabgabe an. Diese Körperfunktionen kann er anfangs noch nicht ohne ihre Hilfe erfüllen. Um die Spuren zu tilgen, die ihre wehrlosen Jungen verraten könnten, verzehrt sie deren Ausscheidungen.

Der Welpe duckt sich, um dem groben Spiel der Mutter auszuweichen

Der Welpe duldet die Pflegemaßnahmen

Ich sollte ihn mal gründlich saubermachen.

Unermüdliche Fürsorge
(Rechts) Während zwei Welpen trinken, leckt die erfahrene Mutter einem dritten die Ohren sauber. Säugen und Putzen sind für sie angenehme Beschäftigungen, aber beides wird immer anstrengender, wenn die Welpen heranwachsen und aktiver werden.

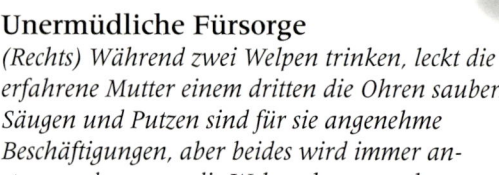

Manieren beibringen

Weil der Welpe die Mutter beim Spielen zu heftig gebissen hat, weist sie ihn zurecht, indem sie ihn anknurrt und auf den Boden drückt. Dadurch lernt der Kleine, daß er im Spiel seine Beißlust zügeln muß.

Wer sagt, daß ich nicht zwei Dinge auf einmal tun kann?

Die geschwollenen Zitzen verraten daß der Milchfluß noch anhält

Die Mutter beleckt das Innenohr des Welpen

Die Welpen können sich jetzt beim Trinken schon aufrichten

Entwicklung der Sinne

In der ersten Lebenswoche finden die Welpen ihre Mutter oder einander mit Hilfe des Geruchs- und Tastsinns sowie der Wärmerezeptoren auf ihrer Nase. Ihre Augen und Ohren funktionieren nicht vor der zweiten Woche und sind erst nach zwei weiteren Wochen voll ausgebildet. Der Tast- und Geruchssinn, der schon bei der Geburt angelegt ist, entwickelt sich ebenfalls sehr schnell in den ersten fünf Wochen. Mit der Entwicklung der Sinnesorgane werden die Welpen immer selbständiger: Wenn die neugeborenen Hundekinder frieren, greinen sie, um ihre Mutter herbeizurufen, doch im Alter von drei Wochen sind ihre Tastsensoren an den Pfoten und ihr Orientierungsvermögen bereits so leistungsfähig, daß sie ihre Mutter selbst aufsuchen können.

Frühreife Nase
Ein fünf Wochen alter Welpe unterbricht das Spiel, um den Uringeruch seines Wurfgefährten zu erschnüffeln. Der Geruchssinn ist schon bei der Geburt vorhanden und nach vier Wochen voll ausgebildet.

Körperwärme
In Abwesenheit ihrer Mutter kuscheln sich diese einwöchigen Welpen aneinander, um sich gegenseitig zu wärmen.

Sssss...

Der Welpe beleckt und beschnüffelt das Ohr

Anlehnungsbedürfnis

(Oben) Dieser fünf Wochen alte Welpe beschnuppert das Ohr seiner Spielgefährtin. Schon in diesem Alter sind alle seine Sinnesorgane so gut entwickelt wie bei einem ausgewachsenen Hund.

Verlassenheitsruf

Um auf sich aufmerksam zu machen, wimmert der kleine Wolfswelpe nicht anders als ein Hundewelpe, der nach seiner Mutter ruft. Neugeborene Wölfe können nur fiepen und winseln, genauso wie Hundewelpen, doch nach vier Wochen knurren, bellen und heulen sie wie Alttiere. Die rasche Entwicklung der Sinnesorgane und -leistungen ist notwendig, damit der junge Wolf wittern, sehen und Gefahren anzeigen kann, und damit er nicht den Anschluß an sein Rudel verliert.

Mit zwei Wochen ist der Schwanz noch wenig beweglich

Entwicklung des Gesichtssinns

Obwohl sich die Augen dieses zweiwöchigen Welpen schon vor fünf Tagen geöffnet haben, werden sie erst jetzt funktionstüchtig. Es dauert noch einmal zwei Wochen, bis sich das Sehvermögen voll entwickelt hat.

Alles ist dunkel und still.

Hören und Sehen

Dieser einwöchige Welpe hat sich zwar seit seiner Geburt rasch entwickelt, aber er ist vorerst noch taub und blind. In einer Woche werden sich seine Ohren öffnen, und laute Geräusche schrecken ihn dann auf.

Die Krallen werden zum Greifen gespreizt

Kleine Bettler

I n den ersten drei Lebenswochen bestimmt die Hundemutter, wann sie ihre Welpen säugt. Doch sobald sie laufen können, beginnen sie Nahrung von ihr zu fordern. Aus eigenem Antrieb folgen sie ihr überall und versuchen, so oft wie möglich zu trinken – selbst wenn sie einfach still stehen bleibt. Dieses Verhalten ermöglicht es ihnen nicht nur, ihren Hunger zu stillen, sondern verschafft ihnen auch einen ständigen Körperkontakt, der die Bindung zwischen Mutter und Nachwuchs festigt. Wenn sich das Verdauungssystem der Welpen voll entwickelt hat, nehmen sie mehrmals feste Nahrung zu sich. Bei Wölfen und verwilderten Hunden würgt die Mutter zunächst Futter für ihre Kinder aus, und dann bringt sie ihnen ganze Fleischstücke.

Ist da heute etwas drin?

Die Mutter sträubt sich nicht gegen den futtersuchenden Welpen

Die Milch beginnt zu versiegen

Das macht mir wirklich Spaß.

Wiederaufbereitetes Futter
(Oben) Indem der Welpe seine Schnauze in das Maul der Mutter steckt, versucht er sie dazu zu bewegen, eine Mahlzeit für ihn auszuwürgen. Wölfe versorgen ihre Jungen auf diese Weise mit fester Nahrung, und manche Hunde haben diese Gewohnheit beibehalten. Das ist auch der Grund dafür, warum Hunde gerne Futter fressen, das sie kurz vorher erbrochen haben.

Die gespreizten Hinterbeine verleihen einen festen Stand

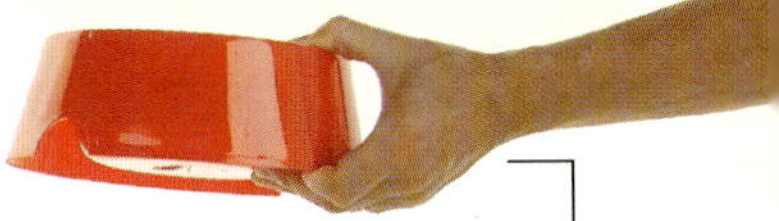

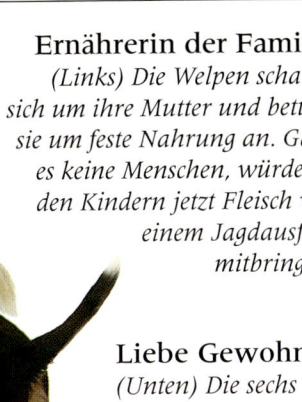

Ernährerin der Familie

(Links) Die Welpen scharen sich um ihre Mutter und betteln sie um feste Nahrung an. Gäbe es keine Menschen, würde sie den Kindern jetzt Fleisch von einem Jagdausflug mitbringen.

Verhaltensanpassung

(Rechts) Solange dieser junge Boston-Terrier noch unbegrenzt lernfähig ist, lernt er, wie er seine zweibeinige »Mutter« um Futter anbetteln muß. Er stellt sich auf die Hinterbeine, um möglichst nahe an den Napf heranzukommen, so wie er vorher das Maul der leiblichen Mutter bedrängt hat.

Liebe Gewohnheiten

(Unten) Die sechs Wochen alten Welpen nehmen ihre Chance wahr und genehmigen sich eine Trinkmahlzeit. Weil das auch für die Mutter mit angenehmen Gefühlen verbunden ist, bleibt sie stehen und läßt ihre Kinder saugen, obgleich sie inzwischen alt genug sind, ohne Milch auszukommen.

Mit wedelnden Vorderbeinen wird die Balance gehalten

Was heute wohl drin ist?

Die Rute hängt entspannt herab

Sie ist noch immer unser ein und alles

Laufen lernen

Der Fortschritt von der Hilflosigkeit zur Selbständigkeit hängt davon ab, wie schnell sich beim Welpen die Fähigkeit entwickelt, seine Umwelt zu erkunden. Innerhalb von wenigen Wochen muß er lernen, mit den Alttieren Schritt zu halten, Raubfeinden zu entkommen und Beute zu jagen. Dank einem Nervensystem, das sich rasch vervollkommnet, kann ein Welpe zwei Wochen nach der Geburt stehen, mit drei Wochen gehen und mit fünf Wochen laufen. Sein Gehirn ist voll entwickelt, und er beherrscht alle Gangarten der Erwachsenen, wenn er gerade erst zwölf Wochen alt ist.

Der Schwanz dient als Gleichgewichtsorgan

1 Drei Stunden alt
(Oben) Gleich nach der Geburt kann der Welpe sich wieder aufrichten, wenn er umfällt, und den Kopf anheben. Mit den Wärmesensoren der Nase kann er außerdem seine Mutter orten und zu ihr watscheln, um sich zu wärmen und um zu saugen.

Die Augen sind jetzt offen und scharf einstellbar

Die Pfoten werden zielsicher und koordiniert aufgesetzt

Wau! Das ist toll!

5 Sechs Wochen alt
Der Welpe bewegt sich nunmehr geschickt und sicher. Seine Reflexe sind gut entwickelt, und zusammen mit seinen inzwischen ausgereiften Sinnesorganen gestatten sie es ihm, die Welt ringsum zu erkunden.

Der Kopf kann angehoben werden

2 **Eine Woche alt**
(Unten) Die Hinterbeine haben zwar mehr Schubkraft, aber das Bewegungsvermögen des Welpen hat sich in den ersten sieben Tagen nicht wesentlich verbessert.

Ich komme mir so schwer vor.

Die Fortbewegung gleicht der eines Seehunds

3 **Zwei Wochen alt**
Mit allen vieren kann sich der Welpe jetzt ein wenig vom Boden abheben. Die verbesserte Koordination und Balance erlaubt es ihm, die ersten Schritte zu tun.

Die Beine sind noch nicht kräftig genug, den Körper zu tragen

Links... rechts... links...

4 **Drei Wochen alt**
(Unten) Der Welpe ist nun imstande, seinen Weg selbst zu bestimmen und sich in die gewünschte Richtung zu bewegen.

Der Körper wird vom Boden abgehoben

Erkundung der Welt

Sobald ihre Sinne und ihre Körperbeherrschung gut entwickelt sind, beginnen die Welpen ihre Umgebung zu erkunden. In kurzer Zeit müssen sie lernen, in ihrer Umwelt zu überleben und sie sich nutzbar zu machen. Außerdem müssen sie begreifen, wie man mit den anderen Rudelmitgliedern zusammenlebt. Anfangs ist ihre ungeheure Neugier noch frei von jeder Angst. Sie verlassen kühn das Wurflager und sondieren das Terrain, das sie umgibt, und dabei gehen sie unbekümmert auf alle Lebewesen zu, auch auf uns Menschen. Das ist eine entscheidende Phase im Leben der Welpen: Ihre frühen Erfahrungen prägen ihr Verhalten auf Lebenszeit. Obwohl sich das Angstverhalten um die achte Lebenswoche entwickelt, dauert diese Periode des sozialen Erkundens und Lernens noch ungefähr einen weiteren Monat an.

Das sieht aber interessant aus.

1 Neugier
Als der dritte Welpe sieht, wie sich zwei seiner Wurfgeschwister balgen, scheint er sich dafür zu interessieren, und er geht auf sie zu.

Das Beißen ist »gehemmt« und spielerisch

Ich hab' was auf dem Rücken gespürt – aber du warst es nicht.

Die Beine werden angehoben, um den Spielkameraden zu treten

*Nanu! Da ist
mir doch etwas
im Weg.*

2 Überwindung von Hindernissen

*(Links) In Wirklichkeit ist die Neugier
des Welpen durch etwas anderes geweckt worden. Da er in seinem Alter
noch nicht weiß, daß er in einen
ernsthaften Streit hineingeraten
und sich in Gefahr bringen
könnte, schlägt er entschlos-
sen den kürzesten Weg zu
seinem Ziel ein und
klettert unbekümmert
über die beiden Welpen
hinweg.*

Beim Übersteigen
des Hindernisses
wird das Hinter-
bein abgestreckt

Die spielenden
Welpen lassen
sich nicht beirren

Der Welpe beißt
seinen Spielge-
fährten sanft in
den Hals

3 Durchmarsch

*(Oben) Obwohl die
beiden Wurfgeschwister als Klettergerüst
benutzt werden, setzen sie ihren Ring-
kampf fort. Der neugierige Welpe interessiert sich so sehr für etwas, das er weiter
vorne gesehen hat, daß er sich nicht an der
Rangelei beteiligt, sondern unbeirrt auf
sein Ziel losmarschiert.*

4 Weitermachen

*Während der einzelne Welpe
weitergeht, um das, was ihn faszi-
niert hat, zu erkunden, setzen die
beiden Wurfgeschwister ihren
Spielkampf fort (links). Der »Geist«
dieser Welpen gleicht einem un-
beschriebenen Blatt: Je intensiver
sie in diesem Alter ihre Umwelt
erforschen und je mehr sie voneinander lernen, desto besser können
sie künftig mit neuen oder schwie-
rigen Situationen fertig werden.*

Der wedelnde Schwanz
signalisiert Erregung

Kleine Privatdetektive

Die ersten drei Monate sind der wichtigste Zeitabschnitt im Leben eines Hundes. In dieser Phase erforscht er sich selbst, seine Wurfgeschwister und seine Umgebung. Er entdeckt, was Spaß macht und was gefährlich ist und wie die Dinge schmecken und sich anfühlen. Durch das Spiel mit Gegenständen werden Fertigkeiten eingeübt und die geistige und körperliche Geschicklichkeit gefördert. Je mehr man einem jungen Hund Gelegenheit gibt, seine Umwelt zu erkunden, desto besser entwickelt sich sein Gehirn.

Ist es eßbar?
Sichtlich aufgeregt kaut der Welpe in Spielaufforderungshaltung auf einem Spielzeug herum. Die chemischen Sinne, Geruch und Geschmack, werden bei der Umwelterkundung von jungen Hunden als erste eingesetzt.

Die Muskelkontrolle ist schon gut entwickelt

Der aufgerichtete Schwanz verrät Interesse

Mal sehen, ob es wegläuft.

Gründliche Untersuchung
Mit angehobenem und gestrecktem Vorderbein untersucht der Welpe einen neuen Gegenstand, indem er ihn betastet. Bevor er den Ball »probiert«, wird er ihn schlagen.

Der Welpe hat ein gutes Gleichgewichtsgefühl

Trostspendendes Knabbern
(Rechts) Welpen haben eine Vorliebe für vertraute Gerüche. Nachdem diese junge Golden-Retriever-Hündin einen Schuh entdeckt hat, dem die Witterung ihres Herrn anhaftet, streckt sie sich behaglich aus, um auf ihm herumzukauen. Wenn man ihr gestattet, einen alten Schuh zu beknabbern, wird sie sich auch über alle anderen Schuhe hermachen, die genauso riechen.

Junge Forscher
Zwei Wolfswelpen untersuchen ein Geweih. Junge Caniden hantieren und spielen mit allen möglichen Objekten, die sie in ihrer Umgebung finden, etwa mit Zweigen, Blättern oder den Überresten toter Tiere.

Geschwisterrivalität
Drei Wurfgeschwister streiten sich um einen Gegenstand. Das wirkt auf uns erheiternd, weil das Streitobjekt ein Spielzeug ist, aber die Kleinen würden sich genauso benehmen, wenn es um ein frisch getötetes Beutetier ginge.

Das fühlt sich gut an, schmeckt aber nicht besonders.

Mit spitzen Zähnchen wird gebissen und gezerrt

Das Spielzeug wird mit den Vorderpfoten festgehalten

Richtiges Spielzeug
(Links) Das Herumkauen auf dem Wollknäuel macht diesem kleinen Border-Collie offensichtlich Spaß. Die besten Spielsachen sind jedoch jene, die angenehm zu beknabbern sind, aber nicht verschluckt werden können.

Dieser Schuh erinnert mich an meine Menschen.

Der vertraute Geruch beruhigt den Welpen

Welpenspiele

Wie wir Menschen bleiben auch Hunde zeit ihres Lebens verspielt. Das ist ein Verhaltensmerkmal, das wir durch die Auslesezucht verstärkt haben, weil wir unsere Hunde gern spielen sehen und gern mit ihnen spielen. Am spielfreudigsten sind sie in der Jugend, und im Spiel lernen sie, wie man sich untereinander verständigt und, was noch wichtiger ist, wie man seinen Beißdrang zügelt. Das Spiel macht erfinderisch und fördert die Fähigkeit zur Problemlösung, das Zeitgefühl, den Gleichgewichtssinn und die Körperbeherrschung, so daß die Welpen gefahrlos herumexperimentieren können.

Der Schwanz wird
vor Aufregung
aufgerichtet

Von Angesicht zu Angesicht
Knurrend wenden die Welpen einander die Köpfe zu, während sie sich gegenseitig vorsichtig ins Gesicht zu beißen versuchen. Diese Form des Spielverhaltens bleibt das ganze Leben lang erhalten und ist bei erwachsenen Hunden besonders häufig zu beobachten.

Schwanzjagen
Die drei Wurfgeschwister beißen und jagen einander. Wenn sie zu fest zubeißen, provozieren sie ihre Spielgefährten zu einer ähnlich heftigen Reaktion. Deshalb lernen sie schnell, sich zurückzuhalten.

Er macht kehrt,
um seinen
Gefährten
»anzugreifen«

Selbstbewußtseinstraining

(Unten) Nachdem der kleinere Welpe von seinem großen Bruder zu heftig gebissen worden ist, beißt er zurück, um ihm klarzumachen, daß er sich nicht einschüchtern lassen will. In solchen Auseinandersetzungen wird die Rangordnung festgelegt.

Der verletzliche Bauch wird exponiert

Kleiner Angeber

(Oben) Weil der kleine Golden Retriever noch keine Angst kennt, legt er sich auf den Rücken und bepfotet das Gesicht des Schäferhundwelpen. Später wird er diese Position nur noch als Demuts- oder Unterwerfungsgeste einnehmen.

Der Kopf ist unterwürfig abgewandt

Der größere Welpe versucht zu entkommen

Mach' das nicht noch einmal!

Formelle Verbeugung

Eine Aufforderung zum Spiel drückt dieser Welpe mit seiner tiefen »Verbeugung« aus. Hunde geben einander durch diese Körperhaltung zu verstehen, daß sie nicht aggressiv sind, sondern einfach nur Kontakt suchen. Als erwachsener Hund wird er sich so gegenüber Menschen und allen anderen Tieren benehmen, zu denen er freundschaftliche Beziehungen unterhält.

Willst du mit mir spielen?

Der Vorderkörper wird auf den Boden gesenkt

Die größere Familie

Echtes, unverfälschtes Rudelverhalten existiert nur in der kurzen Zeitspanne, in der ein Wurf zusammenbleibt. Sobald ein Welpe seine Mutter und seine Geschwister verläßt, entwickelt er ein modifiziertes Rudelverhalten, weil Menschen nun an die Stelle der vierbeinigen Rudelmitglieder treten. Nur solche Jungtiere, die weiterhin mit anderen Hunden zusammenleben oder zusammenarbeiten, müssen selbst mit dem Problem fertig werden, das die Aufnahme neuer Mitglieder in die Gruppe mit sich bringt. In dieser Situation entscheiden das Alter, das Geschlecht, die Größe und das Selbstvertrauen darüber, welchen Platz die neuen Rudelmitglieder in der Hundehierarchie einnehmen.

Alter hat Vorrang
Bei der ersten Begegnung mit einem älteren Hund wird dieser acht Wochen alte Welpe durch dessen selbstbewußtes Autoritätsgebaren in die Schranken verwiesen.

Dominanter Griff

Gemischte Gesellschaft
Diese Familiengruppe umfaßt die Mutter, eine Tochter aus einem früheren Wurf sowie die halbwüchsigen Jungtiere. Jeder Hund kennt seinen Platz in der Rudelhierarchie.

Wir kennen uns sehr gut.

Der erhobene Schwanz zeugt von Selbstbewußtsein.

2 Koordinierter Angriff
(Rechts) Als die übrigen Wurfgefährten sehen, was passiert, kommen sie herbei und bedrohen den Fremdling gemeinsam. Sie treten als ein Team auf, weil sie einander gut kennen.

3 Sexuelle Belästigung
(Links) Ein Wurfgeschwister besteigt den Eindringling, um seine Dominanz zu beweisen. Das Besteigen und die Beckenstöße sind eigentlich sexuelle Handlungen, aber sie dienen auch dazu, Überlegenheit zu demonstrieren.

1 Keiner von uns
(Oben) Beim Auftauchen eines fremden Junghundes schüchtert ein zwölf Wochen altes Rudelmitglied ihn ein, indem es dem Eindringling in einer Dominanzgeste die Pfote auf die Schulter legt. Der Außenseiter duckt sich zur Seite.

Wir mögen keine Fremden.

4 Widerstand
(Rechts) Der Eindringling ist zwar kleiner, aber er gewinnt an Selbstvertrauen und schnappt zurück. Damit gibt er zu verstehen, daß er sich nicht einschüchtern läßt.

Familiengeschichte
(Unten) Ältere Generationen und ihre Nachkommen halten zusammen, so wie diese Mutter und ihr Sprößling. Ältere Hunde bleiben Rudelmitglieder, auch wenn sie im fortgeschrittenen Alter die Führungsaufgabe einem Vertreter der jüngeren Generation überlassen.

Der größere Welpe weicht zurück

Koordinierte Reaktion auf ein Geräusch

Rasseneigenschaften

Durch die Auslesezucht sind Hunde mit sehr unterschiedlichen Eigenschaften entstanden. Die einen sind temperamentvoll und reagieren sehr schnell auf ihre Umwelt, während andere ein ruhigeres Wesen haben. Manche lassen sich leichter abrichten als andere.

Einige Rassen wurden als scharfe Schutz- oder Wachhunde gezüchtet, andere als fleißige Hütehunde, wieder andere als fügsame Familienhunde. Aus der nachfolgenden Tabelle geht hervor, in welchem Grad diese Eigenschaften bei verschiedenen Rassen bzw. Rassengruppen ausgeprägt sind.

Rassen	Temperament			Aggressivität			Abrichtbarkeit		
	groß	mittel	gering	groß	mittel	gering	hoch	mittel	gering
Afghane			●		●				●
Airedale-Terrier	●			●				●	
Akita Inu			●	●			●		
Alaskan Malamute			●	●					●
Amerikanischer Cocker-Spaniel	●				●			●	
Australischer Schäferhund			●		●		●		
Australischer Silky-Terrier	●			●				●	
Basset Hound			●			●			●
Beagle	●				●				●
Bearded Collie		●			●		●		
Bernhardiner			●	●					●
Bichon Frisé	●				●		●		
Bloodhound (Bluthund)			●			●			●
Boston-Terrier	●				●				●
Boxer	●				●				●
Briard		●			●			●	
Brittany-Spaniel			●			●	●		
Cairn-Terrier	●			●				●	
Cavalier King Charles Spaniel	●				●		●		
Chesapeake Bay Retriever			●		●		●		
Chihuahua	●			●				●	
Chow-Chow			●	●					●
Collie			●			●	●		
Dachshunde (Dackel)	●			●					●
Dalmatiner			●	●					●
Deutsch-Kurzhaar			●			●	●		
Deutsche Dogge			●	●					●

Rassen	Temperament			Aggressivität			Abrichtbarkeit		
	groß	mittel	gering	groß	mittel	gering	hoch	mittel	gering
Deutscher Schäferhund			🐕	🐕			🐕		
Dobermann			🐕	🐕			🐕		
Drahthaar-Foxterrier	🐕			🐕					🐕
Englische Bulldogge			🐕			🐕			🐕
Englischer Cocker-Spaniel		🐕			🐕		🐕		
Golden Retriever			🐕		🐕		🐕		
Irish Setter	🐕				🐕				🐕
Jack Russell Terrier	🐕			🐕					🐕
Keeshond			🐕		🐕		🐕		
Labrador-Retriever			🐕		🐕		🐕		
Lhasa Apso	🐕				🐕				🐕
Malteser	🐕				🐕				🐕
Mittelpudel			🐕		🐕		🐕		
Mops	🐕				🐕				🐕
Neufundländer			🐕			🐕	🐕		
Norwegischer Elchhund			🐕			🐕		🐕	
Old English Sheepdog (Bobtail)			🐕			🐕			🐕
Pekinese	🐕				🐕				🐕
Pyrenäenhund			🐕	🐕				🐕	
Rottweiler			🐕	🐕			🐕		
Samojede			🐕	🐕					🐕
Scottish-Terrier	🐕			🐕				🐕	
Shetland Sheepdog (Sheltie)	🐕					🐕	🐕		
Shih-Tzu	🐕				🐕		🐕		
Sibirischer Husky			🐕	🐕					🐕
Spitz	🐕				🐕			🐕	
Springer-Spaniels	🐕				🐕		🐕		
Staffordshire-Bullterrier	🐕			🐕					🐕
Viszla			🐕			🐕	🐕		
Weimaraner		🐕			🐕			🐕	
Welsh Corgis	🐕			🐕			🐕		
West Highland White Terrier	🐕			🐕					🐕
Yorkshire-Terrier	🐕				🐕			🐕	
Zwergpudel	🐕				🐕		🐕		
Zwergschnauzer	🐕			🐕				🐕	

Beurteilen Sie den Charakter Ihres Hundes

Jeder Hund ist ein Individuum mit unverwechselbarem Charakter. Hunde haben Gefühle. Sie können glücklich, traurig, eifersüchtig, wütend und übermütig sein. Sie empfinden Schmerzen, Demütigungen, Hochstimmung und Freude. Jeder Hund besitzt eine einmalige Persönlichkeit, die geprägt wird durch Erbanlagen, Hormone, frühe Lernerfahrungen und die jeweilige Umwelt. Das Erscheinungsbild täuscht zuweilen – selbst der niedlichste Hund hat bis zu einem gewissen Grad die Merkmale seiner wildlebenden Vorfahren beibehalten.

Armesünderblick

Manche Hunde haben die Größe bestimmter Wolfstypen behalten, aber ihr Aussehen völlig verändert. Mit seinen tief angesetzten Hängeohren und seinen traurig dreinblickenden Augen wirkt dieser italienische Spinone unaggressiv und zutraulich. Äußerlich macht er den Eindruck einer umgänglichen und ruhigen Hundepersönlichkeit; doch dieser Eindruck kann täuschen. Manche Hunde, die sanft, liebenswürdig und zutraulich aussehen, können in Wirklichkeit dominante, »herrschsüchtige« Tiere sein.

Die »Schlappohren« wirken unaggressiv

Die Körpergröße entspricht den Wolfsahnen

Der kindliche Hund

Wir Menschen haben Hunderassen geschaffen, die unsere emotionalen Bedürfnisse befriedigen. Hunde, die wie dieser Boston-Terrier aussehen und auftreten, wecken Elterngefühle in uns. Die großen, vorstehenden Augen sowie das abgeflachte Gesicht und der kleine Körper lösen bei vielen Menschen den Pflegetrieb aus. Das Wesen dieses kleinen Hundes kann jedoch im Widerspruch zu seinem Erscheinungsbild stehen.

Die großen Augen wirken unschuldig und zutraulich

Der kleine Körper erscheint kindlich und hilflos

Der Charakter Ihres Hundes

Der Umgang mit unseren Hunden macht uns gewöhnlich so viel Freude, daß wir dazu neigen, ihr Fehlverhalten zu übersehen oder beiseite zu wischen. Mit Hilfe des nachstehenden Fragebogens können Sie die positiven und die negativen Eigenschaften Ihres Hausgenossen ermitteln und richtig einschätzen. Durch die Beantwortung sämtlicher Fragen erfahren Sie, wie erziehbar, dominant, umgänglich und temperamentvoll Ihr Hund tatsächlich ist.

Wenn Sie einen Beitrag zu einer weltweiten Studie des Hundeverhaltens leisten wollen, dann senden Sie bitte eine Fotokopie des ausgefüllten Fragebogens an: Dr. Bruce Fogle, Box DDK, 86 York Street, London W1H 1PD, England.

Kreuzen Sie bei jeder Aussage das am ehesten zutreffende Kästchen an.	Fast immer (1)	Meistens (2)	Mal so, mal so (3)	Selten (4)	Fast nie (5)	Bewerten sie den Charakter Ihres Hundes, indem Sie die Zahlen der einzelnen Fragegruppen addieren.
1. MEIN HUND						**1. ERZIEHBARKEIT**
lernt nur schwer Gehorsam						*Ein Wert von 12 oder mehr bedeutet, daß sich Ihr Hund gut erziehen läßt. Erregbare Hunde sind schwer erziehbar, weil sie sich leicht ablenken lassen.*
wurde oder wird nur mühsam stubenrein						
ist erregbar						
2. MEIN HUND						**2. UNTERORDNUNG**
ist ungehorsam oder bedroht mich sogar						*Hunde, die in dieser Gruppe Werte über 20 erzielen, geben die besten Hausgenossen ab. Liegt der Wert unter 10, sollten Sie fachmännischen Rat von einem Tierarzt oder Hundeexperten einholen.*
ist dominant gegenüber anderen Hunden						
bellt bei plötzlichen Geräuschen im Haus						
ist im Haus aggressiv gegenüber Fremden						
schnappt zu, wenn er gestört wird						
3. MEIN HUND						**3. VERTRÄGLICHKEIT MIT MENSCHEN**
verhält sich Menschen gegenüber feindselig						*Werte über 16 gelten für Hunde, die sich am besten in die Familie eingefügt haben. Niedriger Wert: Ihr Hund ist unzureichend sozialisiert und womöglich ein Angstbeißer.*
akzeptiert keine Fremden						
läßt sich nicht streicheln						
schnappt gern nach Kindern						
4. MEIN HUND						**4. VERTRÄGLICHKEIT MIT ANDEREN HUNDEN**
hat Angst vor fremden Hunden						*Hunde mit 12 oder mehr Punkten lieben die Gesellschaft von ihresgleichen. Sie würden am liebsten mit anderen Hunden zusammenleben.*
ist verkrampft und nervös						
spielt nicht mit anderen Hunden						
5. MEIN HUND						**5. AKTIVITÄT**
benimmt sich destruktiv						*Bei 16 oder mehr Punkten ist Ihr Hund von Natur aus entspannt und ausgeglichen. Hunde mit niedrigen Werten brauchen zusätzlich körperliche und geistige Beschäftigung.*
bellt, wenn er Angst hat oder erregt ist						
bettelt winselnd um Aufmerksamkeit						
verlangt körperliche Aktivität						

- Welcher Rasse gehört Ihr Hund an? ....
- Welche Farbe hat Ihr Hund? ....
- Wie alt war Ihr Hund, als Sie ihn erwarben? ....
- Wie alt ist Ihr Hund jetzt? ....
- Ist Ihr Hund männlich oder weiblich? ....
  - Wurde Ihr Hund kastriert? ....
    - Wenn ja, in welchem Alter? ....
    - In welchem Land leben Sie? ....

GESAMTWERTUNG

Ein Wert von weniger als 40 Punkten bedeutet, daß Ihr Hausgenosse ein potentieller Problemhund ist. Sie sollten Ihren Tierarzt um Rat fragen. Eine Gesamtpunktezahl über 70 bedeutet, daß Ihr vierbeiniger Freund ein wahrer Engel ist!

Weiterführende Literatur

Baatz, Manfred und Maria:
Der richtige Umgang mit dem Hund. München
(BLV Verlagsgesellschaft) 1991

Baatz, Manfred und Maria:
Hunde. München
(BLV Verlagsgesellschaft) 1991

Bielfeld, Horst:
Falken-Handbuch Hunde.
Niedernhausen
(Falken-Verlag) 1981

Friedl, Ludwig Wolf:
Was fehlt denn meinem Hund? München
(BLV Verlagsgesellschaft) 1992

Gondrexon, Anna:
Hunderassen der Welt.
München
(BLV Verlagsgesellschaft) 1992

Klever, Ulrich:
Dein Hund, dein Freund.
München (Gräfe & Unzer) 1975

Knaurs Großes Hundebuch.
München (Droemer-Knaur) 1982

Korn, Brigitte, und Treutmann, Hagen (Hg.):
Das große farbige Hundelexikon.
Erlangen (Karl Müller Verlag) o.J.

Der Kosmos Hundeführer.
Stuttgart (Franckh'sche Verlagshandlung) 1981

Lorenz, Konrad:
So kam der Mensch auf den Hund.
München (Deutscher Taschenbuch-Verlag) 1965

Macleod, George:
Homöopathischer Ratgeber Hunde. München
(BLV Verlagsgesellschaft) 1992

Reiter, Frederick:
So erzieht man seinen Hund zum Hausgenossen.
Rüschlikon-Zürich
(Albert Müller Verlag) 1977

Schneider-Leyer, Erich:
Die Hunde der Welt.
Rüschlikon-Zürich
(Albert Müller Verlag) 1960

Seiferle, Eugen:
Neue Hundekunde.
Rüschlikon-Zürich
(Albert Müller Verlag) 1960

Spoerl, Alexander:
Das neue Hundebuch in Farbe.
Rüschlikon-Zürich
(Albert Müller Verlag) 1978

Stern, Horst:
Bemerkungen über Hunde.
Reinbek (Rowohlt Taschenbuch-Verlag) 1974

Swarovsky, Hans-Joachim:
Lexikon der Hunderassen.
Leipzig
(Bibliographisches Institut) 1985

Trumler, Eberhard:
Mit dem Hund auf du.
München (Piper Verlag) 1983

Ullmann, Hans-Joachim:
Das neue Hundebuch.
München (Gräfe & Unzer) 1983

Ullstein Hundebuch.
Berlin (Ullstein Verlag) 1983

Wegmann, Angela:
Hunde richtig halten.
München
(BLV Verlagsgesellschaft) 1991

Zimen, Erik:
Der Hund. Abstammung – Verhalten – Mensch und Hund.
München (Bertelsmann) 1988

Register

Danksagung

Dank des Autors

Nachdem Sie dieses Buch gelesen haben, werden Sie verstehen, daß mir die Arbeit daran sehr viel Freude gemacht hat. Denken Sie nur an die vielen abgebildeten Hunde, mit denen wir es zu tun hatten! Den Fotografen David Ward kenne ich seit zwölf Jahren. Er ist der Ehemann meiner Assistentin. Ich kenne auch fast alle Hunde, die im Buch vorkommen, denn sie sind meine Patienten, und einige kenne ich besonders gut. Der Boxer Edwin begleitet sein Frauchen Amanda Topp, meine Tierarzthelferin, regelmäßig zur Arbeit. Die italienischen Spinonen Badger und Hattie verbringen ebenfalls den Tag in meiner Tierklinik. Sie gehören meiner zweiten Helferin Jenny Berry. Und sicherlich ist Ihnen auch ein Golden-Retriever-Paar aufgefallen, das immer wieder zusammen mit seiner Besitzerin auftritt. Alle drei gehören zu meiner Familie! Ihnen allen danke ich, desgleichen Ashley McManus, einer weiteren Tierarzthelferin, die so bereitwillig an diesem Buch mitgearbeitet hat.

Wenn Sie meinen, uns hätten die Fotositzungen Spaß gemacht, dann muß ich Ihnen sagen, daß sie den Hunden noch mehr Spaß gemacht haben. Wir haben dafür gesorgt, daß es keine unangenehmen Zwischenfälle gab. Die Hunde, die ihr Aggressionsverhalten demonstrieren, durften mitmachen, weil sie es auf Kommando »ein- und abschalten« konnten. Und bei allen Bildfolgen zum Thema Dominanz und Unterwerfung war Colin Tennant, ein hervorragender Hundekenner und -trainer, anwesend.

Bei der Arbeit an einem Buchprojekt geht es oft sehr nüchtern und sachlich zu. Nicht so bei unserem Team. Krystyna Mayer brachte den Akita ihrer besten Freundin zu einem Fototermin mit und ließ sich bereitwillig besabbern. Roger Smoothy kam jede Woche und erlaubte es den Hunden huldvoll, daß sie ihn mit einem Laternenpfahl verwechselten, und Candida Ross-Macdonald sprang sofort ein, wenn Roger zu einem anderen Termin gerufen wurde. Ständig erzählte uns Nigel Hazle von den Freuden des Vaterseins und gab uns scherzhaft zu verstehen, daß wir – und er selbst – allesamt verrückt seien. Allen danke ich für ihre angenehme Gesellschaft, insbesondere Derek Coombes, weil er unsere Fragen stets mit »Ja« beantwortete.

Schließlich hoffe ich, daß meine Eltern auch dieses Buch gern ihren Freunden zeigen werden.

Dorling Kindersley bedankt sich

bei Roger Smoothy für die Organisation und Überwachung der Aufnahmesitzungen und für die redaktionelle Mitarbeit; bei Vanessa Hamilton für ihre Mithilfe beim Layout; bei Janos Marffy für den Einsatz der Farbsprühpistole; bei Nylabone Ltd. für die Plastikkauknochen und -spielsachen; bei The Company of Animals Ltd. für Hundespielzeug; bei Jenny Berry für ihre Mithilfe bei den Hunden und den Aufnahmen; und bei allen Hundebesitzern, die uns ihre Tiere zur Verfügung gestellt haben – es sind so viele, daß sie nicht einzeln genannt werden können, doch unser Dank gilt ihnen allen.